花千樹

# 運動心理學

## ——除了運動員，你還是誰？

盧綽蘅　著

2

CONTENTS 目錄

第 1 章　深入認識運動心理學

# 代序

　　香港近年在國際體壇的角色的進步有目共睹，亞運、奧運的成績都有突破性的表現。不過，以一個經濟與文化為主、已發展的地區來說，於資源分配上仍然有很大的進步空間。心理質素與技巧，往往是比賽勝負的關鍵。在香港，運動心理學家很少，畢竟這一個行業非常冷門，全港受正統專業訓練而又合資格的從業人士寥寥可數。Karen為前港隊代表成員，結合她心理學的背景，是少數受過正統訓練，同時亦有長期實戰經驗的運動心理學家。土生土長的她，非常關心香港的體壇發展，促使她把豐富的運動心理學經驗毫不吝嗇地在她兩本書中分享給大家。

　　她於2019年推出的第一本書《運動心理學──建立自信，盡展所長》深入淺出地介紹運動心理學，為一眾本地運動愛好者提供了入門好書。《運動心理學2──除了運動員，你還是誰？》是她5年後第二本著作，亦是全港第二本運動心理學的書籍。她靈活地運用過去的經驗作為範例，深入地示範這一門知識的應用層次，對於運動員、教練、家長、運動愛好者，甚至是年輕的運動心理學家的全人發展都有很大的啟示。這樣的中文原著，從

運動心理學家第一身經驗闡述，實在難能可貴。

　　Karen是我執業30年來唯一的運動心理學徒弟，10年前我帶著Karen出道，一直以亦師亦友的關係看著她成長。她是年輕一代的運動心理學家之中，訓練最紮實和實際經驗最豐富的一位。我期待Karen在香港的運動心理學領域中有更大、更長遠的發展，寫下更多文章、書籍給普羅大眾。

**陳展鳴博士**
前香港運動心理學會創會主席
前香港中文大學體育運動科學系副教授
前香港浸信會神學院副教授

# 代序

　　隨著現代社會對健康和運動的關注不斷增加，運動心理學逐漸成為人們關注的焦點之一。它揭示了運動與心理之間複雜而奇妙的互動關係，不僅關乎運動員的競爭力和表現，也關乎一般人的運動參與和健康促進。但以往二十多年在運動醫學的領域工作當中，感覺運動心理學的應用在香港還是停留於學術研究多於實踐應用。直至大約10年前我遇上了作者Karen，發現這位前精英運動員不僅活躍於運動醫學的圈子分享運動心理學的實踐應用，還親力親為到社區為普羅市民及運動愛好者推廣運動心理學如何能幫助大家，深入淺出地為普羅市民解說及推廣運動心理學的精妙之處。我了解到運動心理應用上的需要，決定於香港中文大學運動醫學及健康科學理學碩士課程中增添運動心理學的內容，後來請Karen來任教，希望學生能學習到多一點運動心理學的知識。當我知道Karen會出版第二本關於運動心理學的書籍時，我便欣然答應為她撰寫這篇序。

　　在本書中，Karen將再次帶領大家深入了解運動心理學，探討運動對個人心理狀態、情緒和行為的影響，提醒我們注意過勞警號，教導我們如何應對傷患的心理戰，使我們能夠在日常生活中更好地應對壓力和情緒起伏。她並將首次探討運動員的網絡世界，分析運動員使用社交媒體對心理健康的利弊，教導大家如何善用社交媒體和避免受到媒體訊息的影響。Karen還將探討運動心理學對自我形象和身份認同的影響，幫助運動員建立積極的自我形象，尋找內心的那團火，提高自尊心和自信心，塑造正面的身份認同。

最後，作為運動醫學團隊的積極參與者，我對最後一章探討運動心理學在團隊合作和領導能力培養中的重要性特別感興趣。運動如何促進團隊合作、溝通和領導能力的發展？如何通過運動建立良好的團隊凝聚力和效能？這些技能不僅適用於運動場上，還可以在日常生活和職業生涯中發揮作用。

這是一本不僅適用於運動員和教練，也適用於一般讀者的寶貴資源。在這個資訊爆炸和瞬息萬變的世界中，我們都需要一些實用和有質素的指南和啟發來幫助我們在運動和生活中取得成功和快樂。隨著對健康和運動的關注不斷增加，運動心理學正是提供了這樣的指南和啟發，讓我們能夠面對挑戰，超越自我，發掘個人潛能。願這本書能夠成為你的良師益友，與你一同踏上這段探索之旅，一同揭開運動心理學的奧秘，引領你走向一個更強大且充實的自我。

容樹恒教授
香港中文大學醫學院
矯形外科及創傷學系教授兼系主任
及運動創傷科主任

# 代序

　　1986年，我有幸成為首批獲得銀禧體育中心（香港體育學院前身）獎學金的運動員之一。這項榮譽令我能夠全程投入羽毛球訓練，並有機會在世界舞台上挑戰其他國家的頂尖運動員。然而，儘管我們付出了大量的訓練，卻發現在實際比賽中很難發揮出應有的水平。當時，羽毛球總教練盧梁碧聯明白到心理素質對運動表現的重要性，因此建議我尋求運動心理學的幫助。

　　最初，我對運動心理學抱持抗拒的態度，然而，當我明白到運動心理學的存在意味著為我提升整體運動水平時，我開始樂意接受。透過一位來自澳洲的客席心理學家的指導，我獲得了寶貴的建議和技巧，這些配合了其他技術及體能的訓練，使我在世界各項比賽中表現出色。

　　多年後，我有幸認識了Karen，一位性格開朗活潑的女孩，具有豐富運動經驗的前香港游泳運動員。她在心理學方面的堅持和決心令我深感欽佩。如今，她即將出版第二本關於運動心理學的書籍，我對此感到非常高興。這是對運動心理學重要性的肯定，也將為更多運動員的成長提供寶貴的指引。

　　我衷心期待Karen的著作能夠在運動界引起轟動，並為更多運動員帶來啟迪和幫助。這本書確實將成為一本極具價值的寶典，對於運動員而言，這將是一本指導他們實踐和檢討的重要教科書。藉著書中的指引，運動員能夠更深入地理解運動心理學的概念，並將這些知識應用於他們的日常訓練和比賽中。這本書的問世將為香港的運動員帶來寶貴的指引，讓他們在競技生涯中更上一層樓。

陳念慈　太平紳士
香港精英運動員協會主席

# 代序

在競技運動的世界裡，四大取勝之道包括技術、戰術、體能和心理，而當中心理因素往往是勝負關鍵的重要一環。運動心理學幫助運動員提升表現，通過學習和應用運動心理學的原理和技巧，能夠改善注意力、集中力、自信心和壓力管理能力等取勝條件，從而在訓練和比賽中發揮出更好的成績。

運動心理學也可以協助運動持分者深入理解人們參與運動的動機、行為和體驗，有助於教練、運動管理和運動護理人員更好地理解運動員的需求和心理狀態，有效地設計和實施相應的計劃和策略。

本書作者盧綽蘅(Karen)從多角度讓讀者更深入認識和了解運動心理學的最新議題，提供不同案例，令讀者更容易掌握運動心理學的技巧。尤其是提及運動員的網絡世界那章節，教導如何善用社交媒體，十分適合大眾及青少年閱讀。

雷雄德博士MH
中國香港運動醫學及科學學會會長

# 代序

　　十分榮幸受邀為Karen的新書《運動心理學2——除了運動員，你還是誰？》撰寫序言，這也是她在2019年推出《運動心理學——建立自信，盡展所長》之後的力作。在如此短暫的時間內完成兩本運動心理學專書實屬不易，但這也正好見證著Karen在運動心理學領域上的專業才華和積極用心。雖然運動心理學在運動科學中是相對年輕的學科，但隨著運動競技挑戰的不斷增強，人們逐漸意識到運動員巔峰表現不僅來自於專業技術、體能和戰術，還需要考慮心理層面此重要因素，因此開始越發看重。有趣的是，運動表現的心理狀態雖然大家常掛在嘴邊，卻又好像沒有多少人真正理解，因此運動心理學知識傳播顯得格外重要。

　　我在2009年於美國北卡大學取得競技與健身運動心理學博士後，便返回台灣為運動心理學界耕耘，期間有幸在多次國際研討會中與Karen交流，得知她不僅以「美國應用運動心理學會」（Certified Mental Performance Consultant, CMPC®）及「國際運動心理學會」（Registered Practitioner, International Society of Sport Psychology）的註冊資格回歸華人社群，致力在香港發展運動心理學專業，更深刻理解她認真的工作態度，以及平易近人的人品，因此樂於與她共事、共學。2023年在COVID-19疫情稍緩之後，我再次邀請Karen於台灣運動心理學年度會議進行名為「運動心理學職業生涯發展：我的私人執業之路」的專題演説，與會者獲益匪淺。

《運動心理學2——除了運動員，你還是誰？》聚焦許多更深入、更具挑戰性的主題，它不僅深入剖析運動員的心理世界，包括完美主義、疲勞、創傷等問題，並提供應對建議。書中亦審視社交媒體對運動員心理健康的正負面影響，提供使用社交媒體的指引，探討運動員身份認同的問題，以及應對雙重身份、退役等帶來的挑戰。此外，書中還涵蓋激發運動員內在動機的方法、早期專項化對青年運動員的影響，以及團隊建設、領導與溝通技巧等議題，為運動員、教練及家長提供多面向的運動心理學理論與實用建議。

　　相信本書將有助於優化運動員的競技表現與心理健康，並在運動科學於運動場域實務運用上提供重要參考，亦為香港運動心理學領域的發展貢獻更多精彩的篇章。

**張育愷博士**
國際運動心理學會註冊運動心理學家(ISSP-R)
國際運動心理學會(ISSP)財務長
亞太運動心理學會(ASPASP)副理事長
國際競技與健身運動心理學期刊(SSCI)共同主編
中華體育季刊(TSSCI)主編

# 自序

2023年初夏，我才開始執筆寫《運動心理學2——除了運動員，你還是誰？》。

依稀記得當日開著空調，坐在辦公室看自己的個案筆記。門鈴一響，一位運動員走進來，坐在沙發上。「兩年沒有來，你的辦公室多了一點雜物。」他笑說。

自東京奧運後，我並沒有跟他接觸。那一次他特意跑過來見面，是因為他在惆悵應否衝擊巴黎奧運。傾談了數次，他終於發現，自己真正想追尋的，不是下屆奧運資格，而是退役後的突破。我與他的合作，到此亦告一段落。

你以為每個運動員都一定想要衝擊甚麼排名、獎牌才會來嗎？其實正好相反。

我經常提點實習生，不要曲解運動心理學的本義。看過《運動心理學——建立自信，盡展所長》的朋友們，應該知道心理學技巧乃提升表現的特效藥，永遠會在領域中佔一席位。只是，運動員及表演者的路，從來也不是順風順水的，不是訂數個目標、懂得冷靜放鬆，就能做出成績。

我們在心理學領域工作的，畢業後大概也會先跟隨不同門派師承，再不停磨練與修習，才能發展數套我們認為最適合協助運動員、表演者的輔導方法。

而我們能提供給他們的，除了一個小小的辦公室空間外，就是一個了解自己的機會。到底是要放下不健康的想法，還是明白自己過分投入、追尋完美、害怕失敗的後果？我們會嘗試跟他們一探究竟。這就是心理學家顯示刀法與功力的時候，也是運動心理學背後的真諦。運動員、表演者更需要我們幫忙的，是透過諮詢讓他們了解其背後的那個「人」，像拼圖一樣，將拼出來的畫面與想法整合，才能找出表現問題的成因。

因此，能協助運動員學懂放手，跟協助他們破紀錄一樣，同樣叫我感到滿足。

對我來説，寫這本書，算是工作實錄，也是一種自我修行的方法。本書內容並非甚麼星雲法語，而它記載的方式，有別於《運動心理學——建立自信，盡展所長》，可説是理論與現實故事的交織，針對一些我經常跟運動員、教練、家長討論的奧秘與難題，讀者也許會有另一番感受。

我非常感謝多位運動與表演領域上的前輩的提攜，令運動心理學在香港得以持續發展，使更多人受惠。我亦對每一位接觸過的劍擊手、網球員、芭蕾舞蹈員、指揮家、高爾夫球手的家長、游泳教練心存感激，謝謝你們對我的信任，我才能將想法逐一呈現於讀者面前。

在過去7、8個月，我彷彿重拾十多年前那副運動員倔強的幹勁，一口氣寫下《運動心理學2——除了運動員，你還是誰？》。出版里程碑過後，我需要消化、沉澱、醞釀，然後重新出發。屆時，再看看能帶些甚麼給大家。

**盧綽蕎**

美國應用運動心理學會註冊顧問（CMPC®）

國際運動心理學會註冊運動心理學家（ISSP-R）

Inner Edge 運動心理學公司董事

香港運動心理學會副主席

香港嶺南大學應用心理學碩士課程諮詢委員

中國香港運動醫學及科學學會運動科學研究委員會委員

美國應用運動心理學會國際關係委員會主席

# 第1章

## 深入認識
## 運動心理學

14歲劍擊手阿希<sup>(註)</sup>含著淚走進了我的辦公室。

「我很想放棄（劍擊）啊……但爸媽希望我可以學會堅持到底、永不放棄，所以一直鼓勵我繼續訓練下去。可是，這些價值觀不一定在劍擊才學到啊，其他方面也可以令我學會如何做人，但他們並不認同。」

他嘆了一口氣。

「我自4歲便接受劍擊訓練，爸媽認為若果我現在放棄就是半途而廢，白白浪費了過往10年的努力，十分可惜。」

我問他最不喜歡劍擊甚麼，他立刻道出重點來。

「比賽。」

不說還以為是快問快答。

「討厭比賽啊，那你最討厭哪一部分？」

「最討厭是身邊的所有人都對我有很高期望，如果他們對我的期望低一點

甚至沒有期望，我比較容易接受。」

「換言之，你不喜歡別人對你有期望？」我嘗試向他確定這一點。

「是的。」

「身邊人即是誰？」

「主要是父母及教練吧。他們對我期望很高，認為我很有潛質，經常告訴我有能力進（年齡組別）前8名。但當我未能達到這個標準，他們便一口咬定我輸掉比賽是因為我未盡全力。我雖然沒說出來，但他們無意間會將我與其他劍手比較。」

「我也有拉小提琴，但我享受拉小提琴多了。小提琴只需要考試及格或取得特定分數便可，音樂世界裡沒有跟他人比較的情況。但說到劍擊，我不單要做好自己，還要與別人比較，我該怎樣做才可以晉身前8名？為何身邊每個人都這麼重視成績？」

「那你重視甚麼？」

(註) 本書中所有個案分享均為真人真事改編，名字全為化名。

「相比起前8名，劍擊裡還有許多有趣的東西可以學習。劍擊是一項策略性遊戲，它能訓練我的思考；我很喜愛思考，我單純喜歡思考策略刺中對手，這能給我滿足感。但每當所有人都注視著我的比賽成績，我便感到厭惡及嬲怒，就像昨天電視直播劍擊比賽，我也沒興趣收看。」

　　我不得不承認，眼前的他是一個非常成熟的孩子，14歲已經能成熟地表達自己的感覺。他不執著於比賽成績，而是專注投入劍擊的過程，從他角度來看，有競爭性的環境或場合對於他學習沒有太大裨益，因此希望遠離比賽。

　　我記得當時的對話，沒有特別深入探究比賽是否有好壞之分。我也沒有特別跟他討論音樂訓練同樣充斥著競爭性，並非成功考取某個級別就代表自己深入了解音樂。真正鑽研音樂的人，除了不停練習和考取等級資格，亦會找機會去參加表演，所以與其他音樂好手較量、合演也是無法避免的。誠然，加入樂隊可以純粹為了與其他人合作、享受表演，沒有競爭之心，但申請加入樂團時，篩選過程仍然是一場比賽。人生中，我們無可避免處身於各式各樣的比賽中，不論是入學或求職面試，又或是一年一度的工作評核等，

總會有人成功有人被淘汰。

　　說實話，我發現運動員並不是真正討厭比賽，他們不喜歡的，是比賽帶來的後果。由於大部分運動員均是輸多贏少，失望的賽果慢慢形成很多負面想法。他們寧願逃避比賽，也不希望因為輸掉比賽而被身邊的人指責。因此，比賽大多是痛苦的。只有贏出比賽，才不會有討厭比賽的感覺。

　　我一直試著了解本地運動員怎樣看待比賽。既然投入了訓練，比賽就是必經之路？究竟他們認為比賽的核心意義是甚麼？

　　「我希望藉著比賽去看看自己達到哪個運動水平。」這是運動員的標準答案。

　　「那你認為訓練能否有同樣效果？」

　　「訓練時，如果教練計分，我其實也大概知道自己的表現如何。嗯……所以我也不知道為何要比賽了。」

# 1.1 運動比賽的起源

　　「比賽」一詞源於拉丁文中的「競爭」（*con petire*），意指「共同探討或努力奮鬥」（to question or to strive together）。比賽作為一種競爭和展示才能的集體活動，在人類社會早已存在。由遠古時期開始，人類早期的狩獵和採集活動就包含著一定程度的競爭和比較。古希臘人的日常活動和比賽包括跑步、跳躍、投擲、拳擊、馬術和摔跤等，很多都是圍繞著體育活動進行，而第一屆古代奧運會於公元前776年誕生。誕生原因至今仍有不少猜測，惟早期多次因天災人禍而被取消。

　　19世紀初，歐洲各地仍有不少體育節的足跡。1894年，現代奧林匹克之父Baron Pierre de Coubertin啟動復興奧運會的計劃。第一屆現代奧運會於1896年在雅典舉行，被譽為世界上史無前例有組織的體育比賽，集結9個不同運動項目，包括田徑、游泳、單車、體操、舉重、網球、劍擊、射擊和角力。

## 1.2 比賽的定義

　　第一個運動心理學的實驗，正正解釋「比賽」真諦。19世紀美國社會心理學家Norman Triplett主要探討社會性動機，其社會助長理論（social facilitation theory）集中研究當觀察者存在時對個人表現的影響。1897年，Triplett將其理論應用到運動層面，探究觀察者的存在與運動表現的關係和帶來的影響。他於實驗裡假設他人在場對選手能夠起到激勵作用。於是，Triplett先觀察單車選手騎完一圈的表現；後來安排另一位單車手同時在旁進行比試。重複試驗後，發現第一位單車手每次有其他單車手在旁，都會比獨自騎車騎得更快。

　　這個實驗除了證實社會助長理論，同時亦令人類更明白「比賽」的威力──當有人在旁跟我們做同樣的事，會驅使我們加倍努力。

　　奧運紀錄能夠不斷被改寫，就是這個原因。

　　由此可見，比賽是兩種元素的結合：一、聚在一起；二、奮鬥到底。比賽雖然具備競爭元素，但同時亦需要與對手攜手合作才能完成，不然大家就沒有機會在同一個地方互相較量。

## 1.3 比賽猶如「戰場」，還是一場「遊戲」？

　　一位高爾夫球手的家長正與教練討論如何協助女兒的比賽表現更上一層樓，他看到我站在旁忍不住跟我説：「在18洞比賽中時刻保持專注確實很難，我留意到她往往在前9(洞)表現得很好，但在後9洞的表現會急劇下滑。女兒素來是個隨遇而安的人，好像沒有足夠的好勝心，這樣在比賽中會吃虧的，給人的感覺也不夠認真……我認為她需要在比賽中加倍認真，但她現在才11歲，這令我感到有點矛盾。我究竟應跟她説比賽只是遊戲，全力以赴便可，不要過分看重成績，還是應提醒她在賽場上應抱著爭取勝利的心態呢？」

　　家長雖點出了女兒專注力的問題，但問題同時圍繞著女兒的性格，導致她視比賽如遊戲，令家長覺得她「不夠認真」。運動被認為是遊戲的一種，是因為運動有趣、刺激，大家可以選擇性地參與；它不像上班上學一樣，是必須做的事。但另一方面，有些人認為運動具有規則、限制和界限，並有勝負之分，需要認真看待。視比賽如戰場或遊戲，一直有著兩極化的答案。

　　英文裡，運動比賽被稱為「game」，而參與比賽的人則被稱為「player」。以上稱呼方式在19至20世紀的英國開始流行，當時的公立學校成為了運動員培訓的重要場所。透過參與「遊戲」，學生能夠學習和發展不同技能。就算成為專業運動員，都是「專業地去玩」(professional player)。

　　運動自然被視為遊戲。

　　可是，如果運動只是場遊戲，我們為何要如此緊張賽果？

**運動心理學 2** ——除了運動員，你還是誰？

這是因為比賽有特定的勝利標準，牽涉與對手之間的激烈競爭，有勝負之分。運動員要先了解標準，從而重點訓練體格、策略等，並明確地訂下目標，好讓自己於比賽場上與對手一較高下，用盡一切努力獲勝。

這樣的過程，很難使我們相信比賽完全是「遊戲」。

1995年，美國一項民意調查令運動界別譁然。

這項調查共198名運動員參與，當中包括短跑、游泳、舉重運動員等，大部分是奧運選手或準奧運選手。調查第一部分的問題是：「假如你能服用禁藥，服用後有兩項保證：一、你不會被發現；二、服用後一定會贏。你會選擇服用嗎？」

結果，有195名運動員説「會」；只有3位説「不會」。

調查第二部分繼續探討運動員對勝利的付出：「假如服用禁藥後有兩項保證：一、你不會被發現；二、你將會在未來5年的比賽中全部勝出，但藥物的副作用會令你5年後死去。你會服用嗎？」

結果，超過半數的運動員表示「會」。

對此，學者評論談到運動員不但好勝心強，還給予人一種「比賽就是戰場，對手是邪惡的，必須征服他」的感覺──運動員不惜一切代價去追求勝利，語氣充滿攻擊性和仇恨，目的是要「摧毀對手」。當運動員不惜一切代價獲取勝利、不擇手段擊敗對手，就是視比賽如戰場的極端版本。

比賽本質上並沒有好壞之分，但比賽帶來的「比較」元素會令人抓狂。

法籍神經學家杜鄉（Guillaume Duchenne）研究人類微笑的臉部肌肉，認為在微笑時眼睛周遭出現的細小魚尾紋是顯示真誠快樂的一個重要指標。一項研究也指出在頒獎台上拍照時，金牌和銅牌得主更傾向展露出「杜鄉的微笑」。相反，少於一半的銀牌得主掛上了這種笑容，更多的是強顏歡笑。

## 「反事實思維」（counterfactual thinking）

你或許會感到不解：為甚麼表現更好的人反而滿足感會相對較少？其實我們怎樣看一件事情或成就，對我們的滿意度的影響遠遠高於事情的本身。因此，心理學家提出了「反事實思維」——一種拿現實和各種假設作出比較的心理狀態——來嘗試解釋這現象。

「反事實思維」會令運動員不自覺地把自己和他人比較。然而，奪銀、銅的選手的滿意度之所以有落差，往往源自大家比較對象的不同。奪銀選手會「向上」與金牌得主比較，並會專注於「幾乎便可拿冠軍了」等的想法。相反，奪銅選手則傾向「向下」與錯失獎牌的第四名比較。這種「至少我得到了獎牌」的想法比「與成為冠軍擦身而過」更能為運動員的心情帶來正面的影響。

## 我們怎樣看待比賽才是好？

翻看「比賽」一詞拉丁文的本義，比賽同時擁有遊戲和競爭兩種元素。比賽是一場遊戲，它給予運動員提升運動水平、盡展所長的機會，但同時提供一個公正的平台來測試和評估運動員的技能。

所以，比賽對於我們的個人發展是重要的，在社會上也是無法避免的關卡。不過，我們也不能忽略比賽裡「共同探討」的元素。要了解比賽的真諦、好好享受比賽，我們需要明白參與運動的價值，以及它賦予參與者的機會。勝利和求勝心態在比賽中非常重要，也是呈現體育精神的機會。有一位乒乓球員曾跟我說，若對手的實力比他弱，他會留手，如果太盡力會令對手尷尬，認為贏了就夠。對我來說，這反而是低估和不尊重對手、不尊重比賽的表現。留手會導致不良戰術和技術，也會增加一些不良肌肉記憶（這一點就不於此章詳細討論了）。無論對手的層次高與否，是校隊後備也好，是張本智和也好，一旦上場，就應好好利用機會把你最好的技術拿出來。

然而，我們不能把勝負視為比賽唯一元素，因為過程中獲得的體驗同樣重要。我們需要清楚了解所有比賽元素的本質，才能夠在「娛樂」和「認真」當中取得平衡，享受比賽帶來的挑戰和樂趣。

## 1.4 全面評估運動員心理問題的源頭

　　我記得有次剛與足球隊簽約，主教練走來跟我打招呼，並笑說：「我有好幾名球員不但缺乏自信，球技亦有待改善。現在我們可以平分工作了：你負責增強他的自信心，我負責改善他們的球技。」

　　他還安慰我說：「大部分球員都沒有太大心理問題，我們只需要幫助照顧那幾位球員就夠了。」

　　我也希望事情可以這麼簡單啊。

　　球員想放棄？去找你吧，因為你可引導他變得堅強。球員沒動力？去找你吧，因為你可以令他尋回動力。球員擔心自己的運動表現？去找你吧，你可以教他如何減少擔憂。

　　我們就像被標籤為拆解心理困難的那個人。

### 我們就是「處理心理困難的那群專家」嗎？

　　美劇 *Billions* 於2016年推出，風靡一時，劇本圍繞華爾街億萬對沖基金富翁與紐約檢察官之間的鬥爭。劇中女主角Wendy Rhoades是對沖基金公司的諮商心理師，負責員工的心理諮詢和溝通協調。

　　劇集推出不久之後，一大堆投資組合經理來找我，對我就當然有些既定的想法，也許覺得我能夠像Wendy一樣，協助他們調適心理狀態。

他們第一句通常會説：「我想要NBA球星的復原力，不被情緒牽動。你可否快點令我的心態變得強大？」

這是電視劇啊，現實生活中不是這樣的。

你以為只有非運動員不明白而已，其實運動員教練同樣對運動心理學家有既定想法。

被問到聘請運動心理學家的原因，他們會描述與心理相關的問題，例如情緒起伏、自信心，或受傷之後的心理挑戰等。遇到相關問題，他們會諮詢我們意見，並主動將有關個案交給我們處理。至於挑選哪一位球員做隊長、隊伍的發展往哪個方向走、如何提升運動員球技等，這些主要由教練負責，運動心理學家的參與度不高。

邏輯上，這似乎是合理的，這些跟心理無關的範疇不就是應交由教練去處理，或由球會內部商討和作出決策嗎？可是，如果運動心理學家希望可以從多方面去令球隊發展更上一層樓，或教練相信運動心理學家可以協助更多，我們所涉獵及觀察的範疇其實不局限於運動員的心理狀況。反之，我們的觀察包括球隊動態、球隊目標、球員是否有興趣繼續為球隊效力、教練的教法、助教與教練教法上的不同等，我們有需要確切地去明白及理解。

試想像，如果我們只關注球員心理上的挑戰，卻對教練的計劃、他們給球員的回饋、球員對教練的回應方式、團隊內的摩擦等一無所知，我們如何能夠有效地協助運動員，並按照他們需要的方式提供幫助呢？

## 1. 以人為本，以運動員為次

這是我們工作其中一個方針，處理個別運動員一樣。

我們當然會顧及運動員在場上的表現。這包括技術層次、比賽成績、教練教學模式及訓練方案，以及比賽過程的思考、感受和行為。而比賽過

程的思考、感受和行為特指他們在場上的恐懼，對比賽、成功與失敗的看法，對未來的目標和安排等。

但只顧著表現是不夠的，因為我們還要處理運動員擔任「人」的角色，包括：

- 原生家庭的結構

- 日常生活（睡眠作息、營養）

- 性格、生活價值觀、信念

- 在運動範疇以外的多重身份（如兒子、學生等身份）

- 思維模式和處事方式

- 人際關係（如家人、朋友、支援系統、在社交媒體上跟別人的互動）

- 周邊環境（如家長、教練、體育總會規例和政策）

這好像偏離了運動，跟我們沒太大關係？

其實，運動場內外都會影響一個人，所有因素都是相互交織的。運動員面對的挑戰是複雜的，因為挑戰不僅來自表現，也會來自他們身處的環境。我們透過了解運動員的不同細節及與環境的互動，然後排除有關的可能性，才能得出影響他們運動表現因素的最佳結論。

研究所的教授以前一直叮囑我們，受正統訓練之餘也要認真去聽運動員給我們的每一類資訊，我們就不會一直在表層問題兜兜轉轉，可以好好利用以人為本的手法對症下藥。到現在我仍對這句提醒印象深刻。

### 2. 每個運動員都是獨特的，建立關係的方式都不一樣

數年前，我支援的一支球隊有本地及外援球員。某次出席訓練後，有位本地球員留下來與我聊天，我們聊得甚為投契，討論了練習方向及他對

運動心理學 2 ——除了運動員，你還是誰？

自己球技的看法等，最後他跟我道別時忍不住問：「其實教練聘請你，都是因為外援球員對運動心理學的需求比較大，對吧？」

我當時對他笑一笑說：「並不是呢，本地球員同樣也會找我聊天的。」

不少運動員並不完全明白運動心理學家的工作性質，認為我們只局限於會見某些人，在某個空間討論特定的事情，但事實並非如此。每個運動員的需要都不一樣，運動員A需要一個私人空間去了解最適合自己的應對壓力技巧；運動員B可能單純需要有人作為他的聆聽者，因為他們認為運動心理學家比起教練較「置身事外」，對於箇中問題可保持中立，不會輕易作出批判；運動員C則對運動心理學持保留態度，處於認識或揣摩階段，我們便需要還原基本步，跟他先建立互信關係。

但總括而言，我們的工作永遠放運動員或客戶在首位（下文會再詳細說明），不時審視自己協助運動員的方法，令運動員能在我們的合作關係下有最大的得著。

## 認識精神健康光譜

過去數年，運動界別開始注重運動員的精神健康及心理狀況對運動表現的影響。談到社會資源，確實比以前進步。至目前為止，香港體育學院有5位運動心理學家負責約20種精英項目，發展步伐穩健；在鄰近的台灣，運動科學中心和運動訓練中心也有十數位運動心理諮商師照顧當地的運動員。

尤其在東京奧運後，大家對運動員心理健康的關注度大大提高，美國國家大學體育協會（National Collegiate Athletic Association）發表文章，特別提到心理健康屬於運動員健康的一部分（NCAA, 2021）。

| 巔峰表現 | 良好<br>精神健康 | 沒有精神<br>健康疾病 | 有精神健康<br>疾病症狀 | 有精神<br>健康疾病 |
|---|---|---|---|---|
| 心流狀態 | 樂觀感、<br>心理福祉 | 偶爾<br>出現症狀 | 情緒低落<br>以致影響日常<br>生活 | 情緒低落、<br>嚴重影響日常<br>生活 |

能發揮潛能、達至最佳水平　　　　　　　　　　生活和表現嚴重受到干擾

圖1.1　精神健康光譜

　　而美國應用運動心理學會（Association for Applied Sport Psychology, USA）亦藉此推出精神健康光譜（見圖1.1），關注運動員的心理表現（mental performance）和精神健康（mental health）在追求卓越運動表現方面的作用。

| 光譜左邊範圍<br>巔峰表現 — 良好精神健康<br>— 沒有精神健康疾病 | 光譜右邊範圍<br>沒有精神健康疾病 — 有精神健康疾病症狀<br>— 有精神健康疾病 |
|---|---|
| ● 經歷不同日常心理障礙的運動員（athletes on the mental wellness continuum）有足夠能力應付日常生活，只是未能完全克服運動場內外的各種壓力，例如比賽帶來的壓力、焦慮，或是學業、生活上的壓力引致比賽失準等。運動員可以透過了解自己、進行運動心理學的訓練提升臨場表現，以致有更穩定的發揮。透過了解自己，可以使人生各層面的表現有更好的發展。 | ● 有可能患上精神疾病的運動員（athletes on the mental illness continuum）會受不同程度的精神問題困擾而無法應付日常生活。除了運動表現受影響外，他們會持續對平時喜愛的事物失去興趣或動力，情緒整天顯著低落，思想變得負面等。這些症狀會影響訓練、學業、食慾、睡眠、社交等。當中較普遍的疾病包括抑鬱症、焦慮症等。經診斷後，運動心理學家有可能與精神科醫生攜手合作，協助運動員走出困局。 |

表1.1 運動員處於精神健康光譜不同位置的表現

運動心理學 **2** ——除了運動員，你還是誰？

## 常見的精神健康問題徵兆

下表列出運動員較常見的精神健康問題徵兆，但並非一個全面或詳盡的徵兆清單。如發現以下症狀出現得越多，表示運動員可能已踏入精神健康光譜的右邊範圍(見圖1.1)，需要尋求精神科醫生作進一步評估。以下精神健康問題徵兆只能提供參考，不能作自我診斷用途。

| 行為症狀 | • 不負責任<br>• 挑釁行為<br>• 運動或學業表現顯著下降<br>• 濫用藥物 |
| --- | --- |
| 認知症狀 | • 有自殺念頭<br>• 不集中<br>• 困惑/難以做出決定<br>• 非黑即白的想法(如輸掉比賽代表人生徹底失敗等)<br>• 消極的自我對話 |
| 情緒/心理症狀 | • 感覺失控<br>• 情緒波動<br>• 過分擔心/恐懼<br>• 激動/煩躁<br>• 自卑感重<br>• 缺乏動力 |
| 身體症狀 | • 睡眠困難<br>• 食慾或體重有明顯變化<br>• 顫抖<br>• 疲勞、疲倦、虛弱<br>• 腸胃不適、頭痛 |

表1.2 運動員較常見的精神健康問題徵兆
（資料來源：National Collegiate Athletic Association）

在精神健康光譜下的不同位置，會對運動員的健康和運動表現產生不同的影響——運動員心理狀況上的任何變化，都會改變其在光譜上的位置。所以，運動員的表現和發揮均是表層問題，而我們背後的功夫，就是要把運動員看成一個「整體」，關注運動員的臨場狀態之外，透過各個心理學理論模型及治療方法，多角度了解及認識他們運動場內外的行為。

2021年，日本網球運動員大坂直美以抑鬱及社交焦慮症為由，拒絕接受法國網球公開賽訪問而被罰款；東京奧運期間，美國體操運動員拜爾斯因心理健康理由退出東奧團體及個人全能賽；本地乒乓球運動員麥子詠也曾表示希望更多人關注運動員的心理健康。可見長年累月的比賽及煎熬直接影響運動員的精神健康。

大部分運動心理學家懂得為運動員進行初步心理評估，如運動員表露出精神疾病病徵，對我們來說就是「紅旗跡象」（red flag）了，我們會轉介運動員到臨床心理學家或精神科醫生進行詳細評估及診斷。一些受過診斷訓練的「臨床運動心理學家」也可以自行處理這類個案。

沒有在這方面受訓的教練、老師或家人，可以藉此提升自己在心理層面上的知識，透過以下途徑協助運動員渡過難關：

1. **識別症狀**：留意運動員的行為、認知、情緒及身體症狀（見表1.2）。

2. **轉介**：如發現運動員持續出現精神健康問題症狀，建議不要自行評估和診斷，也不要鼓勵運動員自我診斷，可先轉介給運動心理學家。

3. **消除污名**：小心使用任何跟精神健康相關的字眼，例如不應把運動員形容為「精神錯亂」、「精神病患者」、「心理有問題」或「怪人」等，而應使用較客觀中性的字眼，例如「患有精神疾病」、「心理健康出現了狀況」、「心態上調整中」或「自我探索中」等。

4. **尊重精神健康的議題**：如運動員跟你討論精神健康狀況，建議用心聆聽，盡量不要打斷運動員的話。如怕自己「講多錯多」，可直接承認自己

運動心理學 **2** ——除了運動員，你還是誰？

對這方面認識不足，並協助他與合資格的運動心理學家聯繫。

5. **保持非判斷的態度**：當運動員願意跟你聊天，不要漠視他們的想法和感覺。就算運動員跟你意見或觀念不同，態度都要保持中立。

6. **尊重運動員私隱**：除非運動員面對著生命危險（如有自殺傾向等），需要即時致電999求助，否則要按照當刻情況讓運動員知道對話會保密。

## 運動心理學家就像一張白紙——先吸收，後引導

過去遇上的運動員，9成在諮詢開始時就會急不及待描述自己在場上的表現。

「我比賽沒有信心。」

「我賽前太緊張，上場腦袋一片空白。」

他們的答案，好像也在引導我處理光譜上右邊的問題。

如果我直接相信他，然後教他怎樣解決缺乏自信的問題，問題好像就解決了。那他為何要找我？我的建議會勝過所有人嗎？看一本提升自信的書不就行了？

每個運動員的情況都有其獨特性，我不能立刻完全相信運動員的說法，會選擇繼續問下去。

前陣子，有內地網球員跟著媽媽來訪，表示早前比賽的表現遜於預期，使他往後打比賽都無法拾回從前的信心。初次見面，我先了解他的球齡、換過的教練、比賽模樣等，我們傾得甚為投契。然後，他就滔滔不絕敘述不同比賽的情況，好的壞的他都告訴我。

後來，我問他：「父母也會打網球嗎？」

他説：「媽媽其實不太懂，但爸爸以前在省隊成績也不錯。」

「不過爸爸甚為低調，偶爾才會來看我比賽。

「有次，我在場邊準備，有位阿姨上前拍我膊頭，説：『你不就是XXX的兒子？』」

他的笑容帶點牽強，繼續説道：「我點了點頭，説：『對啊，我跟爸爸是餅印。』然後她説：『有其父必有其子，你一定好厲害！加油，我會在場邊替你打氣。』」

「可惜到最後關鍵時刻，我手軟連失數分，最後輸了。」他激動地説。後來，還有數位網球家長也在不同場合跟他説了類似的話。

「我漸漸發現，當有人將我和爸爸比較，其實對我來説不是一種動力，而是一種壓力，我不喜歡這種感覺。爸爸比我厲害，這個我知道的，我亦很欣賞爸爸，但我也想打出自己的風格。可是我現在站在場上就會顫抖，不要説風格了，根本連平日訓練的質素也拿不出來。」

如我沒有仔細問這個部分，只顧集中處理建立信心的問題，那就慘了，球員問題只會治標不治本。見了數次，我們針對性開始處理的，是「別人將我和爸爸比較」這種心態對他的影響。

在諮詢過程中，有經驗的運動心理學家就會像一張白紙一樣，不會被本來的運動資訊影響判斷，而是透過運動員第一身的描述仔細了解他對運動的看法。我們不會為運動員提供任何建議，反而會透過提出不同問題引導運動員了解自己，並一起找出根本問題所在。

# 1.5　走進運動心理學家的「灰色」地帶

　　曾經有心理學畢業生問，運動心理學家與臨床心理學家的工作，有甚麼分別？表面上，我們各自坐在診所看診，沒有甚麼大不同。

　　但運動心理學家受訓的模式跟臨床心理學家其實不一樣，所以在執行上會有分別。在我們的訓練中，除了深入了解人的行為、輔導手法和心理評估工具以外，還需要認識不同類型的運動所產生的心理影響，以及運動員週期性訓練、高壓情況下對臨場發揮的影響等，上述都不是臨床心理學家的訓練範圍。此外，我們的實習地點也有異，一般運動心理學家會被安排到不同的運動隊伍、大學運動支援部門及劇團等進行實習。

　　既然我們的工作就是要全力配合運動員和表演者，除了於診所或辦公室跟運動員及表演者單獨見面外，我們也會現身於他們出沒的地方，包括訓練場館、表演場地、更衣室、他們入住的酒店、舞台等，務求適時提供支援。運動心理學家的工作地點較多樣化，活動範圍相對廣闊；相比之下，臨床心理學家工作地點較集中，主要在醫院或診所中與客戶進行單獨諮詢。

## 道德操守

　　心理學不同分支的基本道德原則是一樣的，但同時受個案背景、環境和文化影響。運動員世界裡牽涉的人甚廣，道德原則偶爾會有模糊的地方，需要運動心理學家好好拿捏。以下是運動心理學家可能面臨的一些專業操守上的考量：

- 一位13歲網球手於社交媒體跟你聯繫，並告訴你他比賽前很緊張。由於他未滿18歲，你需要先聯絡其家長，徵詢意見。家長願意跟你約見，但由於諮詢費用全由家長負責，家長很想知道對話內容及運動員進度。我們能否透露給家長知道？

- 假若你為某中學網球隊舉辦工作坊而認識隊中一位13歲的網球員，某天他完成訓練後等待隊友離去時，悄悄地上前跟你說，他有些球場上的問題解決不了，希望跟你約時間單獨傾談。究竟你會先私底下跟他見面，還是先聯絡其家長、教練或學校？

- 一支球隊邀請你擔任運動心理學相關職務，包括與球員進行個別諮詢、舉辦隊際形式的工作坊，他們亦邀請你隨團到外國作賽。由於球隊初次與運動心理學家合作，教練很好奇合作方式是否對球隊有效，並不停追問：「運動員究竟有甚麼疑問？有多少球員會特地去找你諮詢？究竟他們的情況是否很糟糕？為了令球隊進步，身為教練，我是否也應該了解諮詢內容，才能更有效地幫助運動員？」你又能告訴他多少資訊呢？

- 當你與球隊一起出外比賽，看著運動員與物理治療師、營養師和隊醫都成為了好朋友，不斷在社交媒體上發放限時動態分享歡樂時光，如果你是隨行的運動心理學家，你又能否於社交媒體標註隨隊的運動員？又或你會否允許運動員跟你拍照，然後標註你並放在個人帳號上？

### 1. 把運動員福祉放於首位

心理學家有責任保障客戶的利益和福祉，運動心理學家也用最大的努力保障運動員的福祉。

運動員身邊的支援人員眾多，教練、體能教練、物理治療師⋯⋯近年，運動心理學家也被列入支援人員。運動員對他們的私生活感到好奇也不出奇，我們偶爾都會被問及私人生活上的問題（例如家庭、健康、興趣、感情生活等），而在運動場地發生的可能性往往比辦公室高，畢竟環境相對較輕鬆，相處時間亦較長。

這些問題好像無傷大雅，但我們的角色跟其他支援人員不一樣，所以處理問題要格外小心。例如，我的回答將會對運動員有甚麼正面影響？如沒有，又會怎樣影響我與運動員的關係？答案純粹為滿足運動員的好奇心，會有違專業精神，以下第三點會提及。

此外，我們的合作關係有可能因為運動員向傳媒透露而曝光。運動員有絕對權利向媒體透露任何合作上的內容與輔導過程。反過來，如果媒體向我們確認或探究運動員的身份或輔導過程，我們就無法透露。與運動員的合作過程中，我們需要嚴格遵循專業操守，用最大的努力去保護每一位運動員的私隱。如運動員賦權給我們，也需要書面協議，我們才可公開合作關係。然而，透露內容時也要分外小心，一旦訊息被媒體扭曲，也會直接影響我們與運動員之間的關係。

運動心理學家在一個變化多端的環境下工作，客戶遠遠不止運動員一位。例如早前提到的13歲網球手，我們要立刻分辨誰是主要客戶（primary client），誰是次要客戶（secondary client）：主要客戶是直接與你合作的人，次要客戶可以是支付費用、支援主要客戶的人。面對著兩種或以上的客戶，合作前必須釐清一些可能模糊不清的界限。比方說，當我們跟年輕運動員和家長解釋保密條例時，一定要事前讓客戶明白何時需要徵詢運動員同意才能跟家長匯報，或何時在責任上毋須取得運動員同意就要直接告訴其家長等規條。同樣地，跟球隊合作，客戶數目倍增，我們就更加要權衡輕重，把主要客戶放在首位，注意溝通方向和處理手法了。

### 2. 我們的角色跟書本上說的不太一樣，在現實世界需要彈性處理

我曾於疫情期間隨隊出外工作，場館限制下無法現場看比賽，入住的酒店跟運動員又不一樣，所以跟運動員約見可謂困難重重，只有在比賽附近的飯堂隔著膠板才有機會跟運動員真正對話。假如盲目跟著心理學的道德手冊，恐怕永遠無法找機會跟運動員聊天了，所以做法上需要彈性一點。

還記得另一次隨隊出外比賽，我又遇上類似問題。有位運動員因為看

到我站在球場旁，便問道：「我忘記了拿能量飲品，你能幫我去更衣室拿嗎？」

我既然是隨隊成員之一，自然會幫她拿。你可能會問，運動心理學家應否做這些事情？他們不是專注於心理學上的工作就可以了嗎？我認為，運動心理學家遵循專業操守並履行職責當然重要，但融入團隊、跟運動員融洽相處也是運動心理學家的工作之一。我們的工作是建基於關係的（relationship based），在心理學層面上，建立關係（building rapport）就是與運動員建立互信的第一步，但往往是最困難的一步。

運動心理學家出發前要做好資料搜集，因為我們需要隨時隨地提供支援——哪怕是跟運動員在酒店餐廳共進早餐的那15分鐘，或是來往選手村及比賽場地時在穿梭巴士上的那段車程。其他時候，我們需要找些合適地方跟他們傾談，了解他們的情況和狀態。有些運動員不介意直接在比賽公眾席上進行對話，但有些運動員會介意被發現過度依賴運動心理學家。我們時刻要兩手準備，找一個安靜的角落，比如說是酒店大堂，並讓運動員背向大門；或是一起到酒店附近散步，給予運動員足夠空間和私隱度。

### 3. 理論上應避免出現多重關係，在真實的運動世界裡卻很難避免

提供運動心理服務時，我們需要向持分者表明角色和責任，並恰當地執行職責，避免出現不恰當的多重關係。例如，臨床心理學家不會突然與自己的客戶吃飯，因為這屬於朋友之間的行為，比原本的工作關係多加一層關係；我也在前作《運動心理學——建立自信，盡展所長》中提到運動心理學家不能當運動員的朋友，因為身份會變得複雜且不合乎道德標準。

你可能會想，既然運動員與運動心理學家有可能在不同的場合交流，就算像友人一樣也無所謂吧？可是，朋友之間的交流是雙向的，但與專業人士的交流卻是單向的；你也可以想像到，與朋友講話的方式會有不同，多了一重所謂「朋友」的身份，會令運動員懷疑我們的客觀判斷。究竟你給我的，是朋友之間的意見，還是專業意見？當運動員不知道我們帶著多少「身份」隨隊時，只會製造更多混亂。

多重身份的另一風險，就是誠信。假如我跟某球員顯得比較熟絡，其他運動員可能會起疑心，擔憂自己與我的對話會被洩露。同樣地，若運動心理學家與教練太熟絡，而運動員與教練的關係又不好，他們亦有可能認為我們偏袒教練一方，對我們信任度不高。

因此，就算多重關係於隨隊時自然浮現，我們也要時刻保持警惕，並檢討跟各成員的關係和距離。

信任是需要長時間累積的，尤其是心理學家與運動員之間有著微妙的合作關係，更需要保持適當距離。

既然我們的任何舉動也有機會影響與運動員的合作關係，就更需要避免多重關係的出現，以減低運動員不必要的疑惑，否則摧毀信任只需短短幾分鐘。

## 1.6 地表最強選手怎會有心事？

前陣子剛好有兩位球員分別前來諮詢，他們原來是同一球隊的隊友。

阿俊受足踝傷患困擾，教練批准他兩星期的時間休息及康復，鼓勵他多進行上肢肌肉鍛鍊。他找我的原因很明確，就是希望康復過程後有足夠心理準備和信心再上場。

另一球員阿康一直有參與恆常訓練，但最近就算休息充足，仍感到心力交瘁。他缺席數次訓練後向教練申請一星期休假，卻遭教練責罵。教練認為阿康只是找藉口，心態上未夠成熟去面對高強度訓練。他告訴阿康，如他情況持續，將會收到球會警告信，如球會允許他藉此放假，對其他運動員不公平，又會令其他球員有樣學樣，隨時申請休假。最終教練不允許阿康請假。

運動員因傷患而休假，教練絕大多數不會質疑。尤其是傷患顯而易見，問題可大可小，一般經隊醫或物理治療師診斷後，會較受重視。但當運動員認為自己心理上需要暫時離場，很容易立刻被質疑是藉口。除非運動員表露一些較極端行為，如情緒失控、行為長期變得消極等，才會被發現及重視。阿康於是硬著頭皮訓練，不想繼續跟教練討論，因為他認為教練不會明白。

### 運動員的「心」酸

2016年美國一份大學生運動員調查指出，超過55%運動員表示自己有

運動心理學 **2** ——除了運動員，你還是誰？

抑鬱相關的症狀，比例較普通學生為高。可是，願意尋找支援的運動員不超過七分一。

運動員不容易透露自己精神健康出現問題，以下數個原因是可以理解的：

### 1. 活在「堅強」標籤下

運動員每天努力不懈地訓練，在比賽場上奮鬥、經歷傷患、戰勝心魔，一直給外界留下正面印象，成為社會上最受尊敬、崇拜的模仿對象。堅毅不撓的觀感，表面上他們給人打不死的形象，卻令運動員扭曲對自身的看法。

有次，我跟精神科醫生聯絡，準備轉介個案給他。他驚訝地説：「運動員這麼健康也有精神疾病？」（當然，最後我是沒有轉介給他的。）

「堅強」標籤反而會令陷入困境的運動員認為尋求協助是怯懦的表現，情願硬著頭皮去面對，最終令問題惡化，錯過及時處理的時機。

### 2. 社會壓力

運動員（甚至普通人）或多或少都介意別人的眼光，只是運動員所顧慮的可能會有所不同。

首先，如教練對精神健康議題態度保守，運動員會擔心教練戴著有色眼鏡去看待自己的問題。若然運動員知名度高，態度保守的教練不會希望外界得知他精神健康出現問題，以免影響運動隊伍的聲譽，這可能是「面子」問題。運動員也會因為社會壓力而對尋求協助有顧慮。

其次，運動員不確定大眾會否接受自己的狀況，擔心支持者對他的看法。同時，若他們的比賽成績未如理想，令他人失望，他們會出現自責行為。

### 3. 一旦停下來，別人就會趕上

「勤有功、戲無益」是華人社會重視的美德，我們自小就被教育不能好

逸惡勞，做任何事都必須向前邁進，因為當你自己停步不前，其他人就會趕上，做運動亦然。所以當運動員停下來的時候，教練會認為他在浪費時間，白費辛辛苦苦訓練回來的成果。再者，缺席訓練會影響獎學金資助（精英運動員的薪水也有可能因此而削減），所以教練一般會叮囑運動員三思。

以上三點都會令運動員對於是否透露自己心理健康狀況有所保留。

## 向「死撐」說再見：認清「剛強堅毅」與「死捱苦撐」之別

曾有家長向我透露，兒子每次輸掉比賽就會大哭一場。

家長有點不忿，因為哭訴代表兒子不接受賽果，是欠缺體育精神、懦弱的表現；他認為小朋友應該要堅強地面對賽果，希望我可以訓練他勇敢面對。在那段對話裡，家長同時又提到兒子心理韌性（mental toughness）不夠強。

如運動員為比賽而哭鬧，是否代表心理不強韌？

心理韌性是一個經常被濫用的詞彙，也經常與「鬥志」混為一談。

我還在求學階段的時候，一聽到心理韌性，就立刻想到外國的體能戰鬥營（boot camp）。戰鬥營像服兵役一樣，參加者都彷彿軍訓上身，長時間不喝水，只顧進行挺舉、仰臥起坐等徒手訓練，標榜越辛苦，越能練出鬥志。

事實上，心理韌性真的是透過戰鬥般的訓練就能培養出來的「技巧」嗎？

近年，心理學家更加傾向用心理靈活性（mental flexibility）去形容運動員應對場上問題時應有的心態，而不是盲目追隨「強韌」。心理靈活性高的人，即使在高壓情況下也能應付自如，代表他能夠接受不似預期，甚至是不如意的事情發生，並有能力用不同方法去適應困難，多角度地解決問題。

44

比方說，一名游泳選手近日訓練遇上瓶頸位，不是單單叫自己不要氣餒、學習堅持，心理就會變得更強。

一種提升心理靈活性的方法，可以是對現在的狀態產生好奇心，注意它帶來的不安感，不加以批判，然後嘗試了解瓶頸位的起因，再跟教練商討不同方法去突破。同時，他可以從食物方面入手，改良進食餐單；訓練動力有下降趨勢，那就調整一下訓練內容；某次比賽經驗令自己無法釋懷，嘗試用文字好好記錄當中的感受。

擁有強大心理靈活性的人，會容許自己有足夠空間讓新穎、不如意的事發生，同時建立適時調整的能力，懂得靈活變通，解決場內場外的挑戰，這就是心理靈活性比心理韌性優越之處。

有天，我跑到香港壁球中心觀看公開賽。

球員家長看到我，走過來半開玩笑地說：「唉，女兒在場上比賽真的不會打『逆境波』。這到底是因為心理質素差，還是復原力不足？你能否指導我一下？」

旁邊的家長忍不住說：「哇，跟我兒子完全一樣！在哪裡跌倒就在哪裡站起來嘛，或者思考下一場比賽該如何應付。我告訴你，有次比賽中段，當時他正落後啊，他說手腕感到疼痛，堅持要棄權。我知道是他舊患所致，但情況不嚴重，不至於要退賽。我建議他繼續堅持完成比賽，這不是運動員應該具備的體育精神嗎？我一直在旁觀看，感到不是味兒，覺得他在找藉口。你看有些運動員復原力很高，但我兒子不是這樣。」

頂尖運動員一直是具備復原力的好榜樣。

如果我說，我們認識的活士、菲比斯、費達拿、何詩蓓、張家朗等人均有強大的復原力，你應該也會同意。

復原力高他們才會有今天的成績？

復原力是否與生俱來，無法通過後天培養？

復原力等於堅持？

壓抑著情緒，不真情流露，就是成為高復原力運動員的特質之一？

復原力高等於恢復能力速度快嗎？

## 復原力的謬誤

　　不論是心理學專欄，或是公司內部培訓主題，「復原力」一詞隨處可見，近年學者還推出「復原力商數」（resilience quotient，又稱RQ；台灣和內地會翻譯成韌性商數，但跟前文提及的mental toughness無關），他們發現哈佛學生唸書好除了因為頭腦好，也跟復原力商數高有關。

　　疫情數年期間，各界身心疲累，復原力更被重視。不放棄持續前進而最終獲得成功的人，就是大家的模仿對象。但高復原力不是經驗累積就能得到的，也不是與生俱來的技巧。

### 謬誤一：復原力是一個性格特質

　　「復原力」一詞於60年代被引入心理學文獻，學者認為它是個性特徵的一種。在往後的研究，學者發現表現出復原力的人，取決於身處的環境，要在特定環境及情境下復原力才能散發出來。

　　所以，一個人在某個時段或情況能夠表現出復原力，不代表他在各種環境下都能展現出同樣程度的復原力。所以，它只是一種持續的概念，本質上是一套可學習的技能。所以，別以為它是一種與生俱來的技能。

### 謬誤二：復原力等於「堅持」

　　在極度艱難的時刻咬緊牙關就是復原力高的表現，這是最常聽到的謬誤。然後，我們堅持的時間越久，承受的痛苦越多，復原力就會越高。

　　要斷定一個人有沒有復原力，主要看兩種要素：一、他有否足夠的抗壓能力在逆境中恢復；二、他能否在高壓情況下健康地正常發揮，表現自己。復原力是一種預防性的壓力管理技巧。

### 謬誤三：逆境經驗越多，復原力越高

　　過去的經歷會對復原力有影響，但不是面對的逆境越多，復原力就會越高。研究發現，面對太多逆境實際上與復原力呈負相關，過於戲劇化的經歷會降低運動員展現復原力的能力。

然而，當一個人完全沒有任何社會歷練，復原力是無法建立的。要有效地提升復原力，需要經歷適量的逆境。不過，復原力不僅是依賴過往的經歷而成，還需要透過反思去掌握下次面對挑戰的應對技巧，包括有意識、積極地找尋應對情緒起伏的方法等，這樣才能真正提升復原力。

面對逆境時，應將其視為挑戰而非威脅，對自己在經歷中的行為、情感、認知和行為反應進行分析，令自己於未來面對逆境時亦能保持鎮定，甚至做得更好。

復原力需要長期訓練，從而在不同的情境下表現出色並保持良好的心理質素。因此，我們只能說一個人在某一時刻具有高或低的復原力——正如有些運動員在運動場上的復原力可能很高，但在其他方面，如生活、學業上，他們的復原力卻較低，所以復原力需要在各種環境訓練出來。研究復原力商數的學者指出，復原力越高，表示人在積極性、適應性、持續性、自我調節能力、問題解決能力及人際關係各方面的能力都很高。

## 影響復原力的因素

影響復原力的因素，主要分內在和外在兩種。

運動世界裡，評述員評論時經常會提到球員「能否打逆境波」，即是運動員遇上比分落後時是否具備復原力，有沒有方法把局勢扭轉？如要探討運動員所謂的「內在條件」，大致包括他的樂觀程度、正向思維及應對具挑戰性情況的能力。

在逆境之際，運動員難免產生一些負面情緒。不過，如運動員具備復原力的內在條件，他會意識並接受自己當刻的情緒，同時思考應對策略，以幫助他應對未來同樣的逆境。

前文提到提升復原力的其中一個要素是要對情緒起伏有意識，但這不代表我們需要壓抑情緒，或硬性地將負面情緒立刻「矯正」過來。我們要做

到真正的覺察，是要發現自己此刻有情緒，並辨識出是哪種情緒，允許不同情緒的存在。這樣，我們才能夠深入了解自己對不同情況的情緒反應。

而影響運動員復原力的「外在條件」，包括社交支援（social support）及訓練的氛圍（motivational climate）。

具備復原力的運動員不僅有隊友、教練和支持者的支持，同時擁有運動圈子以外，包括學校、家人等的支持，各種社會支援也是運動員的動力來源之一。此外，訓練的氛圍對提升復原能力也很有幫助。氛圍大多由教練設定，也可以由球隊其他成員共同創建，當中包括於訓練當中給予運動員一定程度的選擇權（詳細說明請參閱本書第五章〈尋找運動員想進步的「那團火」〉），令運動員與訓練夥伴產生更強的歸屬感。

## 精英運動員與普通人生活大比併

觀看不同體育賽事可以發現，拳手總是能夠咬緊牙關再多打一回合；足球選手在場上跌倒或失誤後，總能迅速站起來並做一個有效的長傳。這一切，都是讓我們讚嘆不已的「復原力表現」。

但我們好像忽略了一點：在訓練過程中，是甚麼驅使他們呈現出這種復原力？

如果從訓練和表現時間、休息時間、職業生涯及週期性訓練四點將運動員與非運動員進行比較，我們會看到一些有趣的發現。

### 1. 訓練和表現時間

運動員有大約90%的時間都在訓練，只有10%的時間在比賽。相反，上班族或學生長期處於表現狀態，有90%時間都在職場和學校中表現自己。

### 2. 休息時間

論休息時間，運動員每年至少有2至3個月的休賽期（當然視乎運動項

目），而上班族則大多只有10至20天的年假，即使週末是休息日，也可能在處理公司事務；學生即使有近兩個月的暑假，仍不斷在做暑期作業。

### 3. 職業生涯

大部分運動員的職業生涯短暫，10至15年後便要退役；普通人則需要工作30至50年才退休，且需要每年以突出的工作表現去爭取優秀的年終考核評級，才能獲得加薪及花紅。與運動員相比，普通人是長年累月、馬不停蹄地打造自己的職業生涯。

### 4. 週期性訓練

運動員會根據比賽次數和重要性，安排及計劃訓練時間，這種訓練稱為比賽週期性訓練（periodization）。一個週期大致上包含四個階段：預備、比賽前（又稱減量訓練，英文是taper）、比賽、過渡或休息。反觀普通人並沒有這樣有規律的週期，就算部分上班族有旺淡季之分，他們也未必能夠根據特定情況去決定何時該增加或減少工時，也沒有特定的模式確保在關鍵的時候有突出的表現。至於學生，他們每天上學的靈活性更是有限。

非運動員表現自己的時間、職業生涯、週期訓練的計算和靈活性，甚至支援更是出現倦態，這些都跟運動員的訓練模式大相逕庭，那麼我們又豈能期望自己像運動員一樣具有強勁的復原力呢？

### 微休息對復原力的重要性

運動員每天的訓練計劃根據身體狀況、運動項目、訓練週期等而定，但每天訓練時數大多不超過6至7小時。空餘時間，運動員會午睡、進行恢復訓練、心理訓練、用餐等。美國游泳傳奇人物菲比斯曾分享他的作息日常：每天除了睡8小時外，下午亦會有數節小睡時間，而訓練跟著休息時間再作安排。

老子在《道德經》形容陰陽對立構成事物交替的循環變化，其實個人層

50

運動心理學 **2**——除了運動員，你還是誰？

面上的能量也在交替轉換。芝加哥大學教授Nathaniel Kleitman與他當時的研究生Eugene Aserinsky發現，大腦清醒狀態跟睡眠週期一樣同為90至120分鐘，這個過程又稱「能量週期」（energy cycle）。90至120分鐘之後，我們的能量隨即下降，身體開始發出休息和恢復的信號；此時，就是我們的充電時間了。

北卡羅來納州立大學特別研究微休息(micro-break)對工作效率的重要性，發現微休息不單提升專注力和工作效率，原來也是提升復原力的有效方法。

像一級方程式賽車一樣，我們定時定候需要到「維修站」（pit stop)更換燃油和輪胎，調整機器，才能迅速地繼續當前的任務。

運動員通過每天持續加插微休息，有助他們恢復體力及掌握預防壓力的技巧，從而提升復原力。

無論你是運動員與否，懂得把休息放在能量週期之後，哪怕是5分鐘的小休時間，都會對提升復原力有正面效用。

## 進入微休息之注意事項

### 1. 微休息需要預早安排

微休息要像賽車的「維修站」一樣預先計劃，讓我們每天至少有數個微休息的時段，短則5分鐘，長則30分鐘。

### 2. 進行微休息時，關注當下的心情與感受

微休息一般可以安排在會議、下課後或訓練之間，好讓我們停下來，了解自己當刻的狀態是疲倦、煩躁、平靜，還是容光煥發？微休息的期間，就是覺察自己感受的好時機。

### 3. 將那些可以令心情變平穩的事寫成清單，於微休息時執行

微休息時段除了關注當下的感受，也是令自己情緒變好的好時機，能夠提起勁來集中下一項任務。不過，這不一定代表我們需要硬性讓自己正面起來。如希望自己能更冷靜地處理下一項任務，可以預先安排時間到樓下散散步；如希望下一節訓練時重拾活力，可以預設數首活力的歌曲在電話裡，留待訓練之間的微休息時間聆聽。

清單必須先寫好，讓自己更熟習期望擁有的感受和達至那些感受的方法，再根據當刻感受採取相應的行為，讓自己達至想要的感覺。

復原力的提升是一系列的經驗累積，而經驗有助我們關注自己的思考方式和情緒管理，使我們應對下一次逆境時更得心應手。我們未必一定像頂尖運動員一樣有龐大的支援網絡，但我們可以透過以上的技巧，照顧自己的精神健康和表現。

運動心理學 **2** ——除了運動員，你還是誰？

## Take Home Messages

1. 比賽在拉丁語等於「共同探討或努力奮鬥」，比賽雖然具備競爭元素，但同時亦需要與對手攜手合作（共同作賽）才能完成賽事，不然大家就無法互相較量。

2. 比賽具備「娛樂」和「競爭」兩種因素。運動員要先了解比賽的真諦，才能夠在當中取得平衡並有最大得著，享受比賽帶來的挑戰和樂趣。

3. 在華人社會裡，生理健康往往較心理健康更受重視；然而，心理和生理健康兩者是互相影響的。換言之，當身體出現問題時，心理及情緒會受影響；相反，心理或情緒上出現問題時，也會影響身體健康。所以，心理和生理健康對整體健康而言同樣重要，缺一不可，「身」和「心」不能分開。

4. 運動心理學家不只協助提升運動員的臨場表現，也會照顧運動員的整體。運動表現與個人成長、原生家庭的結構、支援系統等有著千絲萬縷的關係，運動心理學家也要逐一跟運動員探討，才能找出一直阻礙運動員的根本問題，從而令運動員再創另一個高峰。

5. 運動心理學家跟臨床心理學家在訓練、工作與照顧求助者的手法上有分別，前者經常在變化多端的環境下工作，專業操守指引也會不一樣。

6. 心理靈活性已經逐漸取代心理韌性。我們不能夠盲目要求運動員「不要放棄」，並認為他們在賽場上就會「堅強」起來。

7. 復原力不是與生俱來的，需要持續訓練。我們要了解復原力的形成，而不是光看別人高復原力的表現。日常生活中，預先安排微休息是提升復原力的有效方法之一。

1. 如果運動員於比賽前害怕輸給對手，導致他想逃避比賽。以下哪句能夠最正確地向運動員解釋「比賽」的概念，並讓他了解及接受比賽帶來的一切？

A.「比賽不是贏就是輸，無論怎樣我們也要勇敢接受賽果，不用玻璃心，逃避就是懦弱的表現。」

B.「比賽輸得越多，才能學得更多。每個人都要累積一些失敗經驗才會進步。」

C.「比賽是給予我們機會聚在一起，然後奮鬥到底，對手的存在會驅使我們加倍努力，同時讓我們看到自己能走到多遠。」

D.「運動比賽都輸不起，未來出來社會工作會有著更多的競爭，到時怎麼辦？」

1. 在自己每日的時間表裡，加插至少3個微休息時段。

如：9:50 – 10:00、13:30 – 13:45、17:30 – 17:45

| 時間 | 星期一 | 星期二 | 星期三 | 星期四 | 星期五 | 星期六 | 星期日 |
|------|--------|--------|--------|--------|--------|--------|--------|
| 08:00 | | | | | | | |
| 09:00 | | | | | | | |
| 10:00 | | | | | | | |
| 11:00 | | | | | | | |
| 12:00 | | | | | | | |
| 13:00 | | | | | | | |
| 14:00 | | | | | | | |
| 15:00 | | | | | | | |
| 16:00 | | | | | | | |
| 17:00 | | | | | | | |
| 18:00 | | | | | | | |

2. 把微休息期間想做的事寫成清單。

- 沖一杯熱茶
- 做10分鐘伸展運動
- 把自己上星期最感激的3件事寫在日記裡
- 
- 
- 
- 
-

3. 展開微休息練習的一天，用以下的情緒詞彙表做參考，學習辨識自己的感受或情緒。

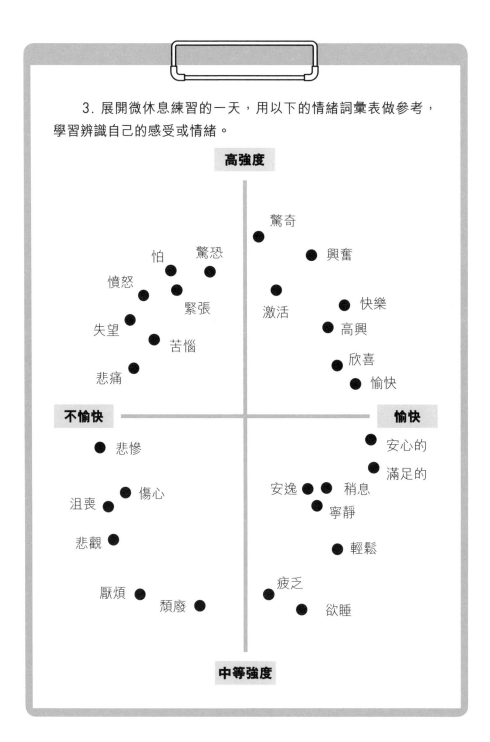

運動心理學 **2** ——除了運動員，你還是誰？

4. 根據每天任務與任務之間的心情變換,配對練習2的「2」清單上想做的事。

| 於下一任務…… | 清單 |
|---|---|
| 變無憂無慮 | 做10分鐘伸展運動 |
| 變樂觀 | 把自己於上星期最感激的3件事寫下 |
| 變冷靜 | 沖一杯熱綠茶 |
| | |
| | |
| | |

**參考答案:**

◎練習1:C

# 第2章
## 完美主義、疼痛與傷患

「我最近好累。」

「你看起來確實很累。最近怎麼了？」我說。

「踏入冬季，外面有非牟利機構邀請我們（舞蹈）學院表演，最近不停在學新舞步。我現在每星期7天都在訓練，好像沒有足夠的時間恢復。還有，我的專業是芭蕾舞，這次表演的舞種卻是我不太擅長的現代舞。雖然我小學曾短時間學習過，但已很久沒有接觸，技巧當然生疏不少。與其他舞者相比，我當然沒有那麼多機會出場。我最近開始懷疑自己的學習能力比其他人低，而且當年紀越來越大，我就越覺得自己不是一個很全面的舞蹈員。

「再者，在編舞老師面前，我的自我感覺也不良好。每位舞蹈員對他來說彷彿只是一件『商品』，完全受他控制。我不知道他是否有意為之，但他總是會將我和其他舞蹈員比較。或許這是他鼓勵我做得更好的一種方式，但對我來說並沒有甚麼正面作用，我甚至覺得壓力很大，深怕在他面前犯錯，結果連自己有把握的動作都沒能做到。有時候我真的只想躲在舞蹈室角落等下課。他越比較，我就越容易放大自己的弱點，很難認清自己的強項。抑或我根本沒任何地方做得好，我不知道。」

我一邊聽，一邊組織她的話，發現她的擔憂主要來自三點：一、最近對舞蹈的感覺不同，需要在短時間內學習一些新的東西；二、她不確定編舞老師是否刻意將她與其他舞蹈員進行比較，這給她很大的壓力；三、她因害怕犯錯而變得精神緊張，沒辦法好好執行一些從前學過的東西。

　　「嗯……這大概就是我(現在)的情況吧。我很羞愧，發現自己也開始內化編舞老師的聲音了。我不期然地拿自己和其他舞蹈員相比，完全感受到自己的不足。我只懂得跳芭蕾舞，但我從來不認為自己是甚麼舞蹈員。我一直盼望自己明天就能脫胎換骨，變成一位出色的現代舞蹈員，這樣我就能叫那把聲音閉嘴。我最近發現除了排練外，我連跟朋友吃飯的力氣也沒有，跟他們一起也無法集中精神。我實在很擔心自己無法達到編舞老師的要求。

　　「我腦裡總是充斥著絆倒或摔倒的念頭，朋友都說是我想太多了。但我怎樣不去想呢？如果編舞老師把我踢走，不讓我跳，這對我打擊很大。又或者其他舞蹈員看到我絆倒了，那就很尷尬了。當我在Instagram上看到其他現代舞蹈員都擠在一起自拍，我就像舞室裡的異類，甚至會覺得很沒面子。我現在晚上很難入睡，因為我總是在想排舞、沒面子、表現失準，為此非常焦

慮。這種感覺很差，真的很差。從前跳舞會令我快樂，現在卻令我變得焦慮。想起也覺得累了，跳舞漸漸變成我越來越厭惡的一份工作。」

這段話我從不同運動員和表演者口中聽過很多遍，但每次總教人心碎。另一名保齡球手也曾跟我透露，他在比賽中要求自己必須竭盡所能地多次擊倒球瓶。

「如果我不這樣做，我根本沒可能像其他世界級的球手那麼出色。」他說。

作為前運動員，我絕對能夠理解這一點。運動員希望自己每一次擊球、每一個轉身、每一跳都完美無瑕。

「如果我跟你說，我並不在乎個人表現上的失準和缺點，你大概也會把我標籤成『不夠認真』吧？」保齡球手打趣地說。

舞蹈員與保齡球手，兩者均是對個人技術和表現非常緊張的運動員，他們自律、勤奮，同時亦對自己十分苛刻。他們的努力很值得我們仿效，但同時他們表現出完美主義的特質。

完美主義傾向是在我與運動員的交談中一個經常浮現的話題，而令我擔憂的是，完美主義和過勞的現象越趨年輕化。

追求完美究竟是好事還是壞事？

運動一直被認為是一種「好」和「積極」的事，對此我沒有資格反駁。

儘管現實社會更複雜，運動一直被看成是社會的縮影，它讓我們學習和建立社交技巧，甚至了解人生的倫理道德標準、公平原則等。然而，越來越多報道揭示了不少運動界的不道德行為，如侮辱、作弊和違反規則。從何時開始，我們將追求體能運動中的成功變成了對失敗的恐懼？

第一章〈深入認識運動心理學〉提及的驚人研究顯示，在沒有人發現的情況下，近99%的人會選擇在比賽中作弊。而當我們仔細地觀察各種比賽行為，追求完美無缺會否引發此類不道德的行為？這是源於追求更完美的表現、對失敗的恐懼，還是純粹為了提升自我？

# 2.1 完美主義概論

「糾正」和「找錯處」已根深蒂固刻劃在我們的文化裡，在賽後的球場旁最容易發現其足跡。

聽到家長與孩子的對話，大部分都先對孩子說教，例如他們作為運動員該做些甚麼令表現更好；要求改進的地方往往多於表揚。在現今社會一直追捧完美主義的大環境下，我們要學會持續鞭策和審視自己，所以我們同時亦不斷地受到糾正和批評，父母會指責我們哪裡做得不夠好，老師會告訴我們哪裡應做得更好，教練時刻提點需要改進的地方等。

隨隊出賽，更會看到有趣的現象。到了每晚旁聽教練與運動員會議的時段，我不時會看看手錶：每當球隊勝出，賽後會議十幾分鐘內就會結束；球隊當日無法出線，會議會持續整整45分鐘。

糾正從來不是錯的，要拿到好成績當然需要了解自己不足的地方，日以繼夜地磨練技術。我們一直被教導要努力做到兢兢業業，成為一個更好的運動員和一個更好的人。人生不就是要不斷改進，才能取得想要的成就嗎？

你或許會說，我只是追求高成就，不是追求完美。

這樣說確實沒錯，但「完美主義者」（perfectionist）和「高成就者」（high achiever）之間存在明顯的差異。

兩者皆會設定高標準，但其中一個較明顯的不同在於動機。我一直認為，完美主義是一種追求完美的處事風格；擁有完美主義特質的

**運動心理學 2** ——除了運動員，你還是誰？

人會試圖修復自身的不足或缺陷，從而採取一些刻板行為去改善，例如反覆練習同一個動作，以減低任何失誤的機率。

完美主義者表面看似正向，其實很多時候的做事出發點是為了避免失敗，因而為個人帶來負面的心態和恐懼。此外，他們還會覺得自己需要不斷做出高於預期的表現，或在每項工作中都出類拔萃。

所以，完美主義者不僅是「追求完美」，而是一種複雜的、跨診斷的、多面向的人格特徵或概念，它既能協助人適應或提升原動力，也能使人過分擔憂和焦慮，嚴重的，還會引致不同的心理問題，我們稍後會再作詳細討論。

## 童年時期已經產生完美主義？

由於科研發現完美主義的特徵會在年幼階段顯現出來，兒童和青少年的研究數目日漸增多。多項關於完美主義的雙胞胎研究發現，完美主義有重要的遺傳基礎，其中一種相關的遺傳物質在女性體內的含量多於男性。不過，完美主義如何呈現出來，還是取決於成長環境。

正因為學者一致認為完美主義是在童年和青少年時期形成，這種人格特質很容易在家庭環境裡衍生出來。所以，助長完美主義的親子互動一直是研究的聚焦點之一。

## 2.2 不同教養方式對兒童完美主義的影響

兒童與父母的互動讓完美主義特質發酵，其實不難理解。

我們可以透過社會期望模型(social expectations model)和社會學習模型(social learning model)兩種模型，了解父母教養方式對兒童完美主義的模型的影響：

### 社會期望模型

社會期望模型假設完美主義的形成是源自父母對孩子有條件的認可、期望和批評。

父母在教養孩子時，過程牽涉有條件的愛——達到完美和成功是為了取悅父母，這樣才能獲得他們的愛和親情。相反，失敗是「不可接受」的。例如，父母對孩子的表現有很高的期望，並在孩子沒有達到這些期望時批評孩子。

這聽起來好像跟現實不符，因為每個家長都會否定自己對孩子的愛是有條件的吧！

這令我想起以前與一名14歲的網球員和她爸爸的對話(類似例子見第六章〈青年運動：從玩樂到競賽〉)。

爸爸先跟我說：「我真的不介意女兒的比賽成績如何，我看到她有努力打好每場比賽就好。」正當我準備回應他，女兒忍不住衝口而出：「那為甚

麼我贏了比賽，你在車上就笑瞇瞇說要請我到酒店吃自助餐，上星期輸掉比賽你就對我不瞅不睬？」

對孩子來說，爸爸對於她在比賽場上的勝負有截然不同的反應；爸爸雖然心底裡是疼孩子的，但孩子能捉摸到爸爸是在乎成績的，她心底裡認為行為上表露出他「輸打贏要」。

家長通常也會反駁：「我當然知道每個人都會失敗，所以我從來不要求他做到完美，只求他盡力而為。當我發現他沒盡力，我才會批評他。」

這裡的困難之處在於，界定一個人是否盡了最大努力是主觀、難以衡量的。從行為來說，如小孩的身體語言（body language）顯得他在場上一點也不積極，那家長當然可以問個究竟；但假若孩子的確已經盡力參與所有訓練及比賽，家長就必須跟他商討「盡力」的指標，讓雙方有多一點共識。社會期望模型的中心思想，在於當父母期望得不到滿足時，孩子會更容易將這些期望以及相關的負面自我評價內化，從而建立完美主義特徵。

## 社會學習模型

社會學習模型假設孩子會模仿父母完美主義的行為，從而養成追求完美的傾向。

如父母本身也會表現出完美主義的想法和行為，孩子很容易透過每日的相處中觀察和模仿父母的完美主義特徵，潛移默化產生類似的看法和感受，從而建立類似的特質，並試圖將自己變得跟父母一樣追求完美。

提到觀察學習和模仿學習的專家，非心理學家Bandura莫屬，他提出的社會學習理論（social learning theory）解釋人類透過模仿和觀察其示範對象，繼而做出決策。1964年，Bandura和C. J. Kupers在研究社會學習與完美主義時，探討了小孩模仿成人對標準的定義和相應行為。成人分成高標準和低標準兩組，他們分別完成同等任務。高標準組成人在實驗裡對自己

要求高，以高標準完成任務；而低標準成人組對自己要求相對低，會以低標準完成任務。兩組順利完成任務均會獎勵自己。小孩就會被安排模仿其中一組成人的行為。

實驗顯示，成人做甚麼，孩子就跟著做甚麼；就連完美主義傾向的行為，孩子也有足夠能力去模仿。當接觸高標準組的孩子自己無法達到高標準，他們會模仿成人，刻意不給自己任何獎勵；相反，接觸低標準組的孩子達致低標準時，也會跟著成人給自己獎勵。

早於70年代，學者認為完美主義是一種特質和看待世界的方式。壓力、表現焦慮、謹慎行為、對失敗的恐懼等心理挑戰，均有透過完美主義的角度去分析。1978年，當時專門研究完美主義的Marc Hollender和David Burns對完美主義還是持負面看法，前者認為完美主義通常在苛刻的大環境萌芽，我們對自己或他人的表現會比實際情況要求更高；後者則在1980年提出，當我們的指標過高，超出常理或其能達到的範圍，會強迫性繃緊自己，影響工作效率和成就。

這兩種定義都帶有負面色彩，很快就被現代學者駁斥，認為完美主義也有其正面作用。

運動心理學 2 ——除了運動員，你還是誰？

## 完美主義的兩個主要類別

| 健康完美主義者<br>（healthy perfectionist） | 失衡完美主義者<br>（unhealthy perfectionist） |
| --- | --- |
| ● 設立高個人標準 | ● 認為自己永遠都不夠好，從不滿意自己的表現 |
| ● 期望自己是完美的 | ● 對錯誤過分擔憂 |
| ● 具有很強的職業道德與自我驅動力 | ● 行為和習慣變得死板 |
| ● 對成就有高的需求 | ● 無時無刻擔憂別人對自己的看法 |
| ● 渴望（事物有）結構、規劃和組織 | ● 擁有二元思維（例如：如果我不是最好的，那我就是最差的），從而感到壓力和焦慮 |
| ● 非常注重細節，一絲不苟 | ● 害怕失敗 |
| ● 對犯錯的擔憂程度較高 | ● 不留任何出錯的餘地 |
|  | ● 有拖延工作的問題 |

表2.1　完美主義的兩個主要類別

某天年約16歲的田徑運動員阿浩來到我的辦公室。

初次見面，媽媽陪伴在側，開門見山道出憂慮：「我兒子從小到大都很勤力，校內成績不俗。他非常熱愛田徑，每天放學後4點半開始練習，有早沒遲。6點半練習結束，大家都回家去，連教練都離開了，他就會待到7點，希望爭取時間多練習。田徑成績也一直穩步上揚，加入港隊訓練指日可待，從不需要我操心。

「可是近4個月，他的田徑成績不斷下滑，後來更拉傷了後腿肌肉，物理治療師要求他專心養傷，他因為暫停訓練而變得心情焦急。今年，他有幸當上校內田徑隊隊長，而2個月後就是學界運動會，受傷加上狀態下滑必定令他感到失落。早前由於疫情嚴峻，學界比賽停辦了3年，他當然希望在

復辦的學界比賽中為學校盡一分力，不留遺憾地畢業。

「我單獨跟阿浩傾談，他透露今年的訓練效果一直理想，所以教練看好他今年會有好成績，但基於近日的數個小比賽都沒有進步，他開始感受到龐大壓力。他告訴我最近他變得異常自律，於比賽前一星期每晚10點半就睡覺，三餐跟足營養餐單，晚上8點後不看電話，訓練從不鬆懈……但比賽時還是感覺不好。教練要他放鬆點，但他就是無法放鬆，反而開始害怕了。他曾説：『我覺得我已經用盡一切方法……甚至不安時就會穿上那對可能會為我帶來好運的襪子，希望會有些轉機，不過好像也沒用。』」

這位完美主義者的確從健康變為失衡。

阿浩是個非常用功的學生運動員，無論在訓練上、學業上也非常認真；他具備健康完美主義者的特質，對田徑充滿熱誠。可是，教練對他的期望，加上自己的期望，令他的思維模式慢慢由「我可以努力做好」變成「我一定要做好」，完美主義漸漸變為失衡。

他完美主義的特徵也有目共睹，賽前習慣開始變得死板，而所有訓練、飲食、睡眠等，必定做到完美無瑕才「收貨」。他還特意穿上「幸運襪」，希望對表現有幫助，反映他變得依賴儀式感，努力尋找方法提升自己的掌控感。

健康完美主義者懂得專注在任務上，會為自己的努力感到自豪，並在過程中表露自己高效率和積極的一面。然而，當健康完美主義者不懂得適可而止時，他們的期望就會變得死板，只專注於結果，往往會走向另一極端，導致過度訓練，最終進入一種失衡的忘我境界。

運動心理學 2 ——除了運動員，你還是誰？

## 2.3　運動員和完美主義

　　社會充斥著完美主義，就連取錄運動員的標準也有升無跌。細看學生運動員升讀大學的數據，不難發現靠運動進入著名大學的門檻變得越來越高，有學者批評這現象變相鼓吹運動員的失衡完美主義心態。同時，運動員花費時間和精力不停磨練自己的技術，為的是在比賽中竭力表現，為大專院校和球隊帶來收入，最終大學卻是最大的既得利益者。

　　有趣的是，研究完美主義的學者發現，勤奮、成功、努力和專注等素質不是完美主義者的先決條件：就算沒有追隨完美的特質，也無礙他們於運動上取得成功。

　　完美主義雖有助提高自信和激發對運動的熱情，但同時亦會產生焦慮、擔憂和自我批評。儘管追求完美可以為個人目標提供動力，但當推動力與焦慮同時存在，就會令達成目標這件事的過程變得複雜，繼而令運動員的表現、日常生活和精神健康也會受到影響。

### 作為運動員，我們怎樣好好利用完美主義的特質？

**1. 認識卓越主義（excellence）**

　　籃球員希望提升投籃準繩度，投籃百發百中當然是他的目標，但最終比賽的準繩度很難超出50%。

　　那他應該把目標降低嗎？其實不然。

人可以去追求完美，但要知道這個標準難以達成。

而我們需要接受的，是緊隨其後的目標——「卓越」（excellence）。Stephen Curry是NBA史上最偉大的三分球射手之一，三分球命中率高達45.4%。那麼，我們練習投籃時，是否應該直接以十發四中為目標就算了？但實際又不是這樣，大多數人仍希望投籃準繩度能達至十發十中。換句話，我們可以採用一種更靈活的思考方式，接受投籃準繩度最終只能接近此目標。

「卓越主義」與「完美主義」存在的不同：

| | 完美主義 | 卓越主義 |
| --- | --- | --- |
| 標準 | 標準缺乏彈性 | 高、可實現、有彈性的標準 |
| 思維 | 極端（全有或全無）的思維 | 「夠好」的思維模式 |
| 批評 | 過分自我批評 | 接納及重新定義別人的批評 |
| 焦慮程度 | 高焦慮 | 低焦慮 |
| 守時 | 拖延工作 | 按時完成工作 |
| 創意程度 | 創意受挫 | 有創意 |

表2.2 完美主義與卓越主義的不同

前作《運動心理學——建立自信，盡展所長》曾提到，我們要控制一些可控的小技巧。以投籃為例，可控的小技巧包括保持肘部在球的正下方、放鬆手腕、眼睛盯著籃框的鉤子等，這些技巧可幫助我們增加達到卓越目標的機會。

**2. 強化賽前常規（routine）的習慣，避免缺乏彈性的「儀式感」（ritual）**

賽前常規是運動心理技巧之一，以提升運動員的心理準備為目的（見前作《運動心理學——建立自信，盡展所長》第二章）。任何提升專注力或情緒管理有關的任務，都能發揮其特定作用。

但常規與儀式感經常被混淆。

運動心理學 **2** ——除了運動員，你還是誰？

相比之下，儀式感較死板，例如相信穿著某對運動鞋、按照特定路線前往比賽地點等才會有好表現。

常規由我們控制，能協助提升表現；儀式反而控制著我們，不遵循就會影響狀態。

我們應盡量減低熟悉的儀式感，增加賽前常規，並在常規裡增添多樣性，有助提升自己處理事情的靈活性。

## 面對完美主義的運動員，可有甚麼對策？

前文提及完美主義會因為身處的環境呈現出來，從微觀層面的家庭和學校，至宏觀的社會、體育總會或體育制度，也會營造完美主義特質。

也許我們未能改變宏觀環境裡的變數，但身為教練、家長及體育老師的你，也能為運動員做點甚麼。

如運動員因為宏觀因素，導致完美主義傾向失衡，你就要擔當「調適因素」的角色，令擁有完美主義傾向的人，減少一份執著。像水彩繪畫一樣，在顏料中加水減淡顏色；加了水，顏色會因濃度被減弱而變淡。應對完美主義傾向的人就是同樣道理。

如身邊運動員或子女有完美主義的傾向，可參考下表策略，引導他們停留在健康區域裡。

引導運動員成為卓越主義需要慢慢學習，而大前提是注意自己的教學方法和回饋。

| 策略 | 描述 | 例子 | 家長 | 體育老師/教練 |
|---|---|---|---|---|
| 執行更自主的教學方法 | ✓在訓練期間提供選擇，或在訓練裡提供更大彈性（見第五章〈尋找運動員想進步的「那團火」〉）。<br><br>✓説明每項訓練計劃的理由和潛在效果。<br><br>✓為運動員提供一個容納個人想法的環境。 | • 在訓練中提供選擇給予運動員，如讓運動員選擇熱身部分的計劃或先後次序。<br><br>• 解釋訓練目的，如向運動員解釋耐力訓練計劃於比賽前6星期開始所達至的效果，而不是單純要求運動員遵循指示。<br><br>• 鼓勵運動員訓練結束後向教練提出意見。 | | ✓ |
| 制定實際的標準和期望 | ✓列出並區分失衡完美主義標準(即無法達到或需要付出巨大代價才能達到的標準)，並設定健康的卓越標準。<br><br>✓在適當的時間和地點表達對運動員的標準和期望(如訓練前在球場一個安靜的角落)。<br><br>✓為運動員設定一個表達意見的時間，做一個虛心傾聽、不批判的角色。<br><br>✓當發現某標準的成本大於效益，主動與運動員討論，一起調整標準。 | 以下是一些指導性問題，協助你跟運動員重新評估自己的標準和期望：<br><br>• 現在的標準是甚麼？而放寬某些標準有甚麼利弊？<br><br>• 這些標準和期望能幫助你實現目標，還是阻礙你實現目標？例如，當無法達到標準或期望時，你會過度失望，或導致你採取逃避行為(如拖延)嗎？ | ✓ | ✓ |

運動心理學 2 ——除了運動員，你還是誰？

| 策略 | 描述 | 例子 | 家長 | 體育老師/教練 |
|---|---|---|---|---|
| 讚賞運動員達至目標的過程，避免過度讚賞個人成果 | 與運動員溝通宜注重過程，而非結果：<br><br>✓對過程提出意見或問題，以便調整、改進、掌握技術並繼續成長。<br><br>✓謹慎地使用言語，宜選擇與「努力」相關的詞語(例如勤奮、堅持、耐力等)，並舉例説明運動員哪裡特別努力。<br><br>✗避免使用與先天能力有關的字眼，包括聰明、天才、有才華、有創造力、聰慧等，以及個人無法控制的因素。<br><br>✗避免過度評論結果，以免運動員持續追求完美表現和結果。 | 教練可以集中問一些跟訓練和比賽過程相關的問題，或是讚賞運動員集中過程的評語：<br><br>•「你是基於甚麼策略作出這個決定？」<br><br>•「我感覺到你在改變划水姿勢時所付出的努力，現在如果你能更早彎曲手肘，阻力會更小。」(游泳例子)<br><br>•「我注意到當你在整輪練習中每打一桿就練習揮桿兩次時，你的表現變得更穩定。」(高爾夫球例子)<br><br>而家長則透過觀察，讚賞子女的努力就足夠，把技術上的回饋留給教練。 | ✓ | ✓ |

| 策略 | 描述 | 例子 | 家長 | 體育老師/教練 |
|---|---|---|---|---|
| 鼓勵運動員解決問題 | 鼓勵運動員自己找出問題成因。<br><br>✓引導運動員自己解決問題，不但可協助他尋找進步的秘訣，同時也可減輕教練不停指導的負擔。 | 當完美主義運動員在練習某項技能時卡住了，似乎無法突破表現時，他會陷入困境並感到沮喪，所以我們需要跟他找出方案之餘，同時要照顧他的情緒：<br><br>● 嘗試問：「我們早前透過新方法去改善，你覺得效果怎樣？如果我們每次調節一樣（東西），你優先想調節哪一樣？」<br><br>● 引導運動員找出問題所在：「昨天的訓練你記得多少？我們需要重複試嗎？」<br><br>● 避免直斥「我已經告訴過你要動腦筋，為甚麼還是這樣？」或「你就是不聽！」<br><br>*需要判斷運動員是刻意拒絕傾聽，還是溝通出現問題。如是後者，究竟是溝通過程中資訊上的流失，還是運動員並不適應這種教學風格？ | ✓ | ✓ |

運動心理學 2 ——除了運動員，你還是誰？

| 策略 | 描述 | 例子 | 家長 | 體育老師/教練 |
|---|---|---|---|---|
| 鼓勵運動員冒險及犯錯 | ✓在訓練中給予機會做一些從未做過的事情，例如在團隊運動中擔當不同位置，或做一些不熟練的技巧訓練。<br><br>✓當自己在教學上犯錯，要主動道歉及對錯誤有正面反應，樹立榜樣。<br><br>✗在運動員犯錯後避免沉默或反應過敏，因為這暗示了犯錯不允許發生之外，會令運動員在賽場上過於保守，不敢冒險。 | 教練：可以用自己作為前運動員或教練的經歷，示範錯誤，並提供指導作用：<br><br>•「我忘記了提及一個步驟。下次我會於開始之前從頭示範。」<br><br>•「當我以前犯錯時，我需要調整並嘗試別的方法。」<br><br>如家長不是運動員的教練，就不應給予技術上的回饋，反而需要注意訓練或比賽後跟子女談話的內容會否過於著重犯錯的部分。 | ✓ | ✓ |

| 策略 | 描述 | 例子 | 家長 | 體育老師/教練 |
|---|---|---|---|---|
| 拓闊運動員視野，在表現起伏時保持冷靜，在面臨挫折時保持客觀 | ✓用其他運動員數據作為參考例子，客觀看成敗得失，說服運動員自身的表現起伏是家常便飯。同時，可以在訓練上加入數據，跟運動員分析成功比率和進度。<br><br>✗避免盲目引用世界級運動員的名言（第六章〈青年運動：從玩樂到競賽〉中會詳細講述）。許多明星運動員會強調自己犯過的錯誤，但他們也會強調無論如何都不能放棄，例如提出「10,000小時練習法則」，或是分享「沒有痛苦就沒有收穫」、「努力總會有回報」的人生格言。對完美主義者來說，這些會強化他們既有且僵化的刻板信念。<br><br>✓邀請完美主義運動員解釋以上名言的含義和看法，並就這些名言跟運動員展開討論，令他們會對前人的經驗有更全面的認識。<br><br>✓運動員不是透過失敗才能得到寶貴經驗；成功經驗是表現上的一個突破，對運動員來說更為寶貴。而運動員的過程目標均可透過成功及挫敗經驗取得；任何過程上的資訊對運動員來說都是寶貴的，能夠指引他們繼續前進。 | 以下是一些含有數據的例子供運動員參考：<br><br>● 籃球之神米高佐敦（Michael Jordan）曾說：「在我的職業生涯中，我曾投失9,000多球，幾乎輸掉了300場比賽。有26次，我被信任能投中制勝一球，但都沒投中。」<br><br>● 著名高爾夫球手「老虎」活士（Tiger Woods）曾說：「失敗是沒關係的。失敗不會塑造你的個性，關鍵在於你如何應對失敗。你是一蹶不振、悶悶不樂，還是一鼓作氣，下次再來？最終，你也是會贏的。也許下一次不會發生，也許需要一點時間，但你最終會成為贏家。」 | ✓ | ✓ |

表2.3 應對擁有失衡完美主義傾向的運動員的策略

運動心理學 2 ——除了運動員，你還是誰？

從今以後，我們需要改變「練習可以造就完美」（practice makes perfect）的說法，並將其改為「完美的練習可以造就卓越」（perfect practice breeds excellence）。

## 運動員體形與完美主義又有關係？

在你認識的籃球員、欖球員、長跑運動員、體操選手當中，你有否曾評頭品足，認為他們因身形而不適合自己的運動？

普通人會對特定運動的身形有既定想法。

如籃球員不夠高，會被人家嘲笑要轉行踢足球；長跑運動員不夠輕盈，會被游說參與別的運動。然後，不知有多少運動員被恥笑，他們不夠大隻、不夠輕、過肥、過瘦、過高、過矮……

運動員的身形會因運動項目、位置、年紀而異，他們除了要應付運動項目對體格上的要求，還要面對外界對他們身材上的批評。

你以為運動員不用擔心身形，或是只有健美運動員才會擔心體形？其實體形上的挑戰一直存在。

拳擊、賽馬等運動都有獨特的體重限制；再來，就是體操、舞蹈，同樣有體形上的要求。此外，青年運動員擔心的，就是踏入青春期後的身體變化，令他們有意無意將自己的身形跟其他運動員及非運動員朋輩比較。

擁有完美主義的運動員，會更顧及自己的形象。他們對飲食、身形相對苛刻，以及對飲食和運動產生不健康的觀念：女性一般比男性容易遇上體形上的挑戰（如飲食失調、厭食症等），但近年患上肌肉上癮症（muscle dysmorphia）的男性亦有上升趨勢。肌肉上癮症如同厭食症一樣是心理疾病，患者一般過度注重自己外表，包括認為自己不夠強壯、身形不夠好看、追求完美身形，並伴隨著自卑感。

眾多的審美運動中，廣為人知的有體操、舞蹈、花式滑冰、跳水等，而選擇此類運動自然傾向注重外表、形象和成績。要求運動員身形需要符合「主流」標準，會加重他們的壓力，同時引申到各種表現心理上的挑戰，包括人與人之間的比較、完美主義、成就導向的特質及身形上的變化等。

　　審美運動被視為「完美主義」的高風險運動。即使運動員沒有厭食症等心理疾病，他們每天都需要檢視自己的體重和身形，不難想像他們隔天就會進行一次「自我審查」，每天眼看別人比你更瘦、更輕，不期然跟其他運動員作比較，更不用說我們日常透過父母、隊友、體操運動員或社交媒體等途徑受到節食文化的轟炸了。

　　我遇過的審美運動員，80%問題離不開身形和完美主義。


## 使用鏡子會否加劇完美主義？

　　我曾在美國參觀過數間體操館和舞蹈中心，當中包括青年會、康樂中心、練習室和大學體操館等，室內均設有鏡子。

　　鏡子在審美運動的角色，在外國一直存在爭論。

　　運動員將鏡子視為「重要工具」，主要用來糾正自己的姿勢。然而，有教練及老師認為，鏡子會令運動員產生因體形變化的焦慮和導致飲食失調。他們當然不希望運動員毫不關注自己的姿勢，但也不希望鏡子會帶來傷害性的效果。

　　有體操教練曾建議將鏡子放在非練習用的房間，以及改用錄像設備提供視覺反饋和調整。這樣既能保留鏡子的功能性，同時可減低鏡子被誤用的可能性。

　　我也有聽說過本地學校基於同一考慮，將舞蹈室也改為類似的設計。

　　日常生活裡，運動員到處都能以鏡子反照自己，在訓練場地藏起或移

運動心理學 **2** ——除了運動員，你還是誰？

除這種所謂的「危險物品」未必是有效改善問題的方法。猶如與青春期的孩子討論發育和性一樣，即使我們刻意不談論，他們也會嘗試透過其他途徑接觸。與其將鏡子視為一個「問題」，倒不如引導運動員善用它來學習，成為啟發潛能的建設性工具。

凡是需要用上鏡子的運動項目，為預防鏡子被誤用，教練和老師可參考下列事項，讓運動員學習與他們的身體建立健康的關係，並了解如何正確使用鏡子：

### 1. 觀察鏡子被使用的目的

細心觀察運動員與鏡子的互動。當教練和老師有機會注意到他們面對鏡子時的行為和反應，就會對運動員看待自己有多一份了解。究竟他們會否善用鏡子去檢視自己的動作，繼而作出改善？還是在下課後還對著鏡子不停挑剔自己？

身為教育工作者，我們也要時刻檢視自己的引導方式，確保他們有健康的互動。如發現運動員任何與審視身體形象問題相關的跡象，這就是「紅旗跡象」，需要及早進行介入，跟運動員一同正視問題。

### 2. 設立沒有鏡子的房間，並解釋其用處

教練老師可考慮設立一個沒鏡子的房間，偶爾跟運動員在該房間訓練及進行討論。究竟在沒有鏡子的房間裡，無法與鏡子互動的情況下，跟在有鏡子的房間裡練習有甚麼分別？他們於練習過程中會更依賴哪一部分的回饋（如自己排練時肌肉的回饋、老師給予的回饋等）？教練、老師可以藉此帶出鏡子確實是一個功能性很高的工具，讓他們認識鏡子為修正動作的效用，但同時不是運動員唯一依賴的回饋工具。這有助鞏固鏡子正確觀念之用。

而設置有鏡子的房間的終極目標，是提升運動員較中立的聯想，並將此聯想延伸到其他生活場景中，就算在家裡、學校或其他環境看到鏡子，

也會對鏡子產生同樣的聯想，更自主地選擇如何與鏡子互動。

### 3. 跟運動員建立「中立身體形象」（body neutrality）

近日社會鼓吹著「正面身體形象」（body positivity）的風氣，鼓勵我們接納和尊重身體的各種特徵。但對很多運動員來說，這種想法不太實際，因為身形和體格會直接影響運動表現。

美國第一位獲得鉛球金牌的選手Michelle Carter曾於訪問中提及：「鉛球不只是蠻力，你當然必須要強壯，但鉛球運動講求時間、力量和優雅的結合，不止是一群所謂野獸般的女人在玩的運動。而我訓練出來的身體容許我達至這個結合的境界。」

運動員鍛鍊身體並不是為了獲得別人讚美或因為遭受到負面評價，而是從自己的潛在技能出發，展現出卓越的技能。

所以，運動員與其側重外表，不如深入了解自己的身體條件、價值，千辛萬苦練出來的柔軟度、肌力、肌耐力、靈活度、協調性等，是用來完成運動裡要求的各種動作。我們不一定要強調強壯是美，反而將重點放在身體的功能性，才能接受世界上存在著各式各樣的體形。

### 4. 教曉運動員分辨評論與事實

跟非運動員一樣，體形對運動員是個敏感的議題。每個運動員的體格都是獨特的，不能隨便將他們進行比較或加以評論，但現實又很難做到。

教練常常為此而惆悵，因為身材是激發運動潛能的重要元素，如果要跟運動員討論他們的體形，教練怕用錯字眼，到頭來會傷害運動員。只不過體重、體形必定影響運動表現，相關對話無法避免。

評論與事實只是一線之差，我們應集中放在有實用性的資訊上。尤其是青年運動員發育後，除了面對身體上的變化，也要應付變化對運動表現的影響。曾經有攀石運動員指出，在發育期間柔韌度會大幅下降，脂肪分佈亦會改變，而她最難駕馭的，是尋找新的重心去攀石。她說，如果教練

運動心理學 2 ——除了運動員，你還是誰？

當時跟她重新探索新的體重分佈，她就不會在發育時期沮喪至不斷節食減肥。

面對青年運動員踏入青春期的改變，應該在青春期前就開始跟運動員進行相關討論，包括討論身體上將會面臨的變化，以及上述提及對身體中立的評論，教導他們如何於這段期間提高自己的運動能力。

你可能會想，那正面評語應該可以吧？體形上的評語，有可能驅使運動員過度重視某種主流的身體形態，貶低其他非主流的身體形態。所以，還是集中資訊性相關的討論比較好。

# 2.4 痛楚、傷患與心理

我在香港中文大學運動醫學碩士課程任教傷患與心理（Psychology of Pain and Injury）一課。記得有一年，其中一位學生是脊醫。下課後，他跟我說，一位羽毛球運動員差不多每個週末都會來找他醫脊骨，屈指一算，他已見了運動員6次。

在脊醫床上，脊醫邊幫他紓緩痛楚，運動員邊大叫「痛死了！」。但脊醫明明覺得他傷患不嚴重。

「他去看過幾位物理治療師也好像沒有甚麼起色，於是跑來找我，我一直認為他看3至4次就會好起來，有時我會想，他是否『形住』（心理作用）自己還是帶傷，所以繼續跟我約時間？」

## 兩個建築工人的故事

1995年，《英國醫學雜誌》報道了發生在一名29歲建築工人身上的一次工業意外。工人跳上木板，一顆大約7吋長的釘子將他的靴子從靴底刺穿至靴面。他立刻大叫，臉色瞬間變蒼白，害得身旁的工人都嚇呆了。他被送到急症室後，醫生先是幫他脫掉靴子，準備注射鎮靜劑之際，卻發現釘子從他的腳趾間穿過，完全沒有刺入皮膚。他沒有流血，沒有刺傷，甚至連擦傷的痕跡都沒有。這個工人沒有受傷，但他感受到的痛楚是真實的嗎？

另一建築工人有天在工場使用射釘槍時意外射出一口釘，擊中了工人的臉。除了輕微的牙痛和下巴有點瘀傷，他並沒有感受到其他痛楚，回家

運動心理學 **2** ——除了運動員，你還是誰？

還跟自己說：「哇，逃過大難，竟然沒事。」意外後他如常工作、吃飯、睡覺，但由於牙痛還沒好起來，6天後他決定去看牙醫。X光檢查一出，竟然顯示他頭上嵌著一根4吋長的釘子！原來釘子刺穿他的大腦皮層，牙醫驚訝得跟他說：「不痛嗎？」由於工人從沒有處於甚麼高度戒備狀態，他的「疼痛系統」異常冷靜，根本沒有感受到任何異常痛楚。看到X光片，幸好真相大白，他被轉介到另一醫生去，否則慘變成一宗致命工業意外。

## 痛楚不是傷患的指標

二戰期間，戰鬥中負傷的士兵用麻醉藥紓緩疼痛感，使用的劑量較遭受類似傷害的平民百姓少。徘徊在生死之間，士兵的危機威脅比疼痛威脅大，疼痛耐受性比一般人高。

跟上述兩位建築工人一樣，痛楚的程度好像跟傷患大小沒有直接關係。

除了身體的感官輸入，我們的思想、看法、情緒和對環境的認知也會影響疼痛體驗。這些經驗會自行幫我們放大或減低疼痛感。以建築工人B為例，也許他從來沒有經歷過任何工業意外，或對工業裝置和工具有足夠信心，即使發生事故了，身體也無法發出任何預警。

傷患帶來的痛楚是一種複雜的感官和情緒體驗，儘管大部分人設法把痛楚減至最低，但痛楚其實是身體裡的「保護罩」，每當感覺到疼痛感，是大腦向我們發出警號，勸我們停止任何引起疼痛的活動，避免進一步造成身體的傷害。

我們的大腦內有成千上萬的神經元。當我們感受痛楚時，大腦有兩個區域被激活：前島葉與前扣帶皮層。於功能性磁振造影(fMRI)下，這兩部分會同時亮起。有趣的是，腦神經學者發現不論是情緒痛楚(如親人離世後的傷感)或是身體痛楚(如跌倒的皮外傷)，被激活的大腦區域幾乎一樣。

學者也因而進行不同情感痛楚上的實驗，包括於團隊遊戲中冷落參加者，或在參加者面前展示前伴侶的照片等，嘗試用不同途徑觸發參加者情感上的起伏。實驗發現在以上兩種情況下，參加者的前島葉與前扣帶皮層均隨即亮起，可見身體和情感疼痛具有相似的神經特徵。

## 運動員總會遇上一次運動創傷

運動員每天面對大大小小的痛楚，包括日常訓練引致的肌肉痠痛、受傷後的痛楚，亦會受急性及慢性勞損所困擾。

有關運動創傷後的心理影響，學者也有不同類型的評估。學者Cupal & Brewer於2001年研發再次受傷的焦慮量表（Reinjury Anxiety Inventory），量度運動員的兩大擔憂：一、康復後再受傷的焦慮；二、重新參與比賽後再次受傷的焦慮。另一位學者Glazer於2009年研究的傷患後恢復運動的心理準備量表（Injury-Psychological Readiness to Return to Sport Scale）評估運動員在創傷後恢復運動比賽的心理準備，以及在特定時間（比賽前、中、後段）的信心。

俗語有云：「There is no good time to get hurt.」沒有人可以擇吉日受傷的，受傷會隨時隨地發生。一旦受傷，運動員很容易墮入一個「世界末日」的心態，恐懼一發不可收拾。他們會害怕錯過奧運、害怕有遺憾、害怕教練不再理會他、害怕令家人和朋友失望、害怕失去自己、害怕職業生涯會因此而結束……這些想法會引起身體上的不適，並透過不同程度、不同類型的痛楚在身體各部位爆發。

記得過去3年疫情，比賽數量銳減，而運動員對於比賽的渴望，加上忽略自身狀態沒有充足準備，導致受傷數字大增。當時我接觸過的運動員除了面對傷患，還要應付疫情帶來的負面情緒，很不是味兒。除了無時無刻擔心再次受傷，康復過程也因為心情低落而拖慢了。

訓練後的疼痛，或是傷患後的痛楚，運動員一定經歷不少；而除了

疼痛帶來的實質痛楚外，我們對疼痛的看法亦會影響感受疼痛的程度。某天起床後我的背部痠痛到不行，我第一時間便懷疑身體是否出了問題，不禁問自己：「這種痛是否正常？這痛楚代表身體出現問題嗎？」

看了數次物理治療師，我又開始對物理治療師失去信心：「背部還是隱隱作痛，究竟我應否換物理治療師？」

當掌握不到疼痛的原因或治療效度，我們很容易產生焦慮、憂鬱和煩躁等情緒問題，繼而嘗試尋找更多方法減低疼痛感。

然後，用盡所有辦法醫治患處還是沒甚麼起色，我們的焦急會更影響患處。

要走出困頓的無限輪迴，不只需要勇氣，自身對痛楚的評估及對傷患的理解，都會對痛楚的感受和康復的進展有顯著影響。

回想近期經歷的身體疼痛，你當時有甚麼看法及反應？

假若你對痛楚感到沮喪，這可能代表你對傷患帶有負面的想法，例如認為康復過程比預期中慢，又或因為傷患嚴重令你無法訓練，心裡充滿著內疚感，無法與教練認真溝通。這些負面思想都會透過大腦影響痛楚強度。

由於每個人的經歷和成長背景均不同，大腦裡的「認知圖式」（cognitive schema）均有別，所以解讀資訊和整理知識的方法都會有所不同，每個運動員對於痛症的看法和感受會因而不一樣。一名選手可能會被傷患困擾得睡不著，另一名選手卻可能把傷患視為逃避面對自己表現欠佳的藉口，開開心心逃避訓練。擁有較正向人格特質的運動員能將面對的困難狀況視作挑戰而非威脅，從而減低其壓力反應及受傷的風險；反之，控制觀（locus of control，即凡事操之在己的信念）較低的選手因為不相信自己能夠控制康復的進度和結果，會阻礙康復的進度。

傷患中的運動員需要處理的，不只是身體帶來的痛楚，同時要照顧個人對痛楚的看法，這才能好好應付傷患，以積極的心態踏上康復之路。

## 2.5 生物心理社會模型 和壓力受傷模型

綜合以上說法，我們了解到受傷患影響的運動員的恢復和重返運動（return to sport）的過程是複雜且多面向的。

Mark Andersen是推出「生物心理社會模型」（Bio-psycho-social Model）的運動心理學學者，他對受傷後重返運動所面臨的問題進行了深入探討，認為該模型能夠全面理解人類行為和健康的多重層面影響。綜合性的理論框架提出多方面前期學者忽略的要素，包括心理和社會因素的交互作用。

根據模型，重返運動過程涉及多個相互影響的因素，包括受傷的特點、生物學因素（如身體狀況、身體功能恢復）、心理因素（如壓力、心理狀態）和社會因素（如支援系統、運動文化）。

運動心理學 **2** ——除了運動員，你還是誰？

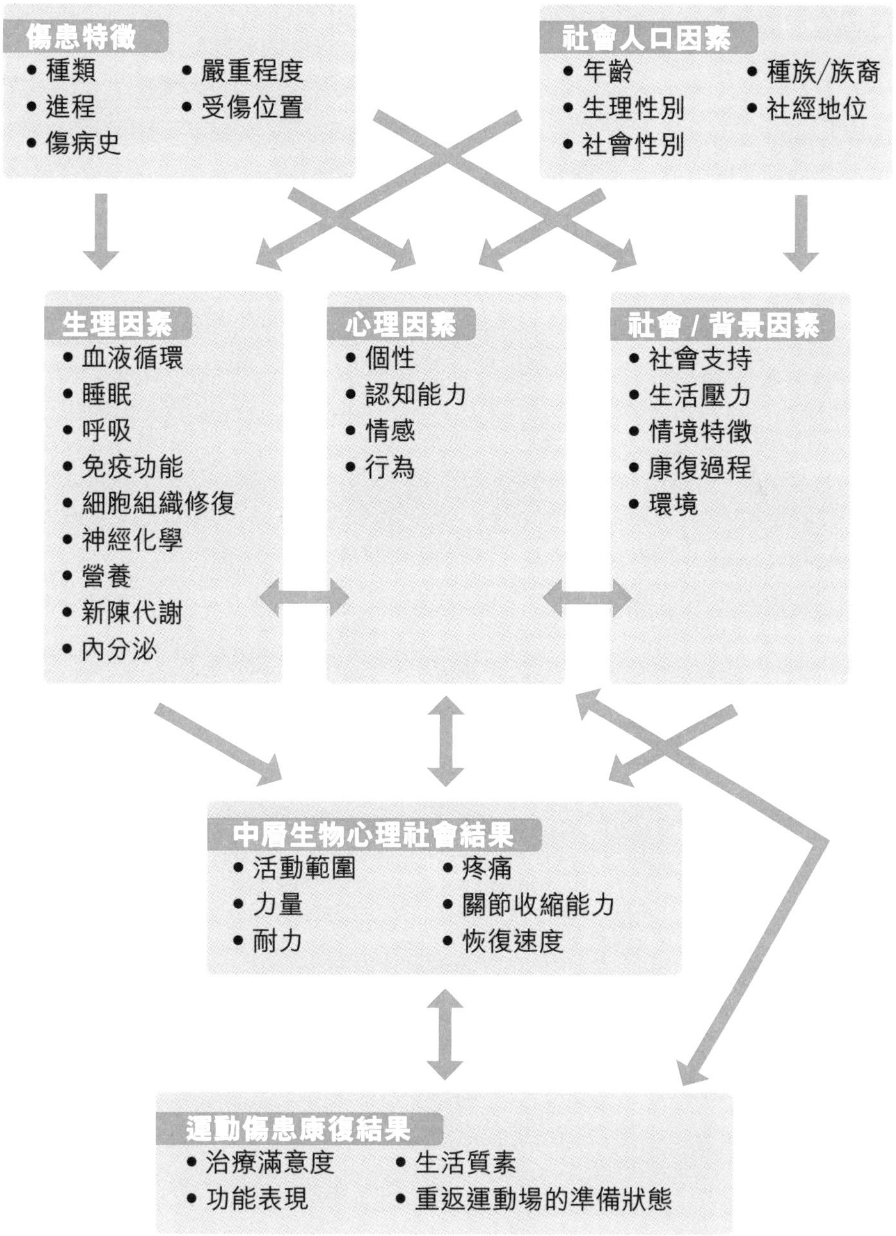

**傷患特徵**
- 種類
- 嚴重程度
- 進程
- 受傷位置
- 傷病史

**社會人口因素**
- 年齡
- 種族/族裔
- 生理性別
- 社經地位
- 社會性別

**生理因素**
- 血液循環
- 睡眠
- 呼吸
- 免疫功能
- 細胞組織修復
- 神經化學
- 營養
- 新陳代謝
- 內分泌

**心理因素**
- 個性
- 認知能力
- 情感
- 行為

**社會 / 背景因素**
- 社會支持
- 生活壓力
- 情境特徵
- 康復過程
- 環境

**中層生物心理社會結果**
- 活動範圍
- 疼痛
- 力量
- 關節收縮能力
- 耐力
- 恢復速度

**運動傷患康復結果**
- 治療滿意度
- 生活質素
- 功能表現
- 重返運動場的準備狀態

圖2.1 運動創傷復康的生物心理社會模型

你有否留意，有些運動員總是較容易受傷？

1998年，Williams與Andersen兩位學者提出的「壓力受傷模型」（stress-injury model），詳細解釋壓力與受傷的連帶關係——當運動員面對壓力時，運動員會作出對壓力的反應，導致運動員專注力收窄（即視野不夠全面）、專注力分散，以及肌肉繃緊等身體狀況。這些潛在變化均會增加受傷的可能性。

模型同時刻劃三種影響壓力反應的心理社會因素：性格、壓力來源和應對壓力的策略。

認同壓力受傷模型的學者，也得到以下有趣發現：

- 性格因素影響運動員的生理反應，增加受傷的可能性。例如五大人格特質（Big Five personality traits）其中一項特質名為神經質型（neuroticism），數值高的人會較敏感和緊張。當人體裡的資源過度消耗，注意力會收窄，分心的機率提升，人就會更容易受傷。

- 壓力造成的受傷風險，主要跟完美主義拉上關係，原因有二：擁有失衡完美主義的運動員更容易感受到訓練所帶來的壓力，以及會傾向過度訓練（overtraining），訓練時間和強度相對地多、高，這亦會大大增加受傷的可能性。

不過，個性也不是一切，完美主義能從成長環境發酵，所以家長和教練要時刻評估自己採取的訓練方法，檢視有否灌輸失衡完美主義的資訊（見表2.1）。

運動心理學 2 ——除了運動員，你還是誰？

# 2.6 受痛症困擾後的功課

　　受傷，當然第一時間聯絡醫生或物理治療師治療傷患。但看醫生之外，我們也可以做點功課，用自己舒服的方式，處理自己的想法及情緒。這樣做，並不會完全移除身體上的痛楚，卻可通過改變思想來紓緩體感上的不適。

### 1. 對自己的感受用上準確的詞語、標籤

　　用字對於我們的感受有著重大的影響。「我永遠不會康復」、「教練絕不會對我再有任何期望」、「如果我早一點熱身，這些事就不會發生在我身上」等並不是受傷後理性的想法。「永遠」、「絕不」、「一定」等詞語較極端，未必反映現實，同時又會容易令自己情緒波動。

　　我的一眾物理治療師朋友經常提起澳籍教授Peter O'Sullivan的「下背痛臨床護理標準」（Low Back Pain Clinical Care Standard），他提及到用語對下背痛病人的重要性，醫護人員應盡量使用促進復原的語言，例如背痛並不代表背部永久受損等，亦應避免提及結構性損傷等字眼。我認識一部分運動員有寫日記的習慣，尤其是傷患恢復中的運動員，都會透過文字重整思緒。當自己感到疲憊不堪時，我們可以覺察自己對痛楚有沒有過分偏激的想法，藉此找機會提醒自己運用較客觀的措詞。

## 2. 仔細用非批判的態度描述痛楚

痛楚是一種複雜的感覺，你會如何描述這種感受？

它，算是一種刺痛，還是深沉、撕裂般的痛？你能感受到溫度嗎？也許它有灼熱、燃燒著的感覺，也許它會令你感到肌肉擠壓。你越仔細覺察，越能夠確定痛楚在身體哪個位置。好奇地感受痛楚的細微變化，或許今天影響著你的範圍與昨天相比有不同，對於痛楚如何發生及消退保持好奇心，並慢慢描述痛楚於每分每秒的感覺。

運動心理學 2 ——除了運動員，你還是誰？

# 2.7　教練怎樣協助傷患中的運動員？

## 1. 專注傷患帶來的學習過程

雖然受傷所帶來的痛楚不是甚麼正面的體驗，但是我們可以視這經歷為一個學習過程。

心理學家Udry、Gould及Beck於1997年為21位滑雪選手做了一項傷患研究，超過80%的選手表示經歷傷患後變得成熟，而他們的見解有三：

一、更加了解訓練時身體能承受的負荷；

二、提升對隊友受傷的同理心；

三、能發掘到運動項目以外的技能等。

教練和老師可透過討論傷患過程中的成長與學習，提升運動員對自己身體的自我意識，減低日後受傷的機率。

## 2. 包容運動員情緒的高低起伏

一些比較古老的學說指出，如運動員康復過程順利，他們的情緒會由最初的否認、沮喪，最後變得積極和完全接受。然而，後期研究認為這些感受並不一定以線性的方式呈現。情緒可隨著當刻壓力來源而變換，就算康復過程順利，運動員的情緒也會有所起伏，不一定隨即變好。

另外，運動員有時也會迫不得已負傷上陣，顧慮自己表現之餘也要顧

及傷患，情緒上可能更不穩定。較常聽到的是，運動員因傷患令自己無法在比賽集中，甚或會因為失分而自責。

教練需為以上情況進行賽前預演，跟康復中的運動員設定過程目標（見前作《運動心理學——建立自信，盡展所長》第二章），並跟隊員重申比賽成績是共同努力達至的表現，責任不會落在個人身上，藉此增加隊友對康復中的同僚的同理心。

另外，如教練發現自己未必能夠時刻關注康復中運動員的心理變化，就要委派助教或隊內成員提供情緒上的支援。

### 3. 安排其他任務給予受傷的運動員

我認識一位非常用心的教練，跟他合作時，我們經常討論一些照顧受傷運動員的方法。到了季中，運動員傷患增加，我們就邀請他們擔當球隊裡不同的角色，包括處理行政事務、整理運動員的統計數據、替球隊與隊長商討及執行訓練計劃、為球隊拍攝訓練影片等。

受傷患困擾的運動員可能會因為無法參與訓練和比賽而感到孤單寂寞。教練可以安排他們以其他方式參與隊內的事務，跟團隊其他成員保持溝通，讓他們意識到自己仍然擔當著團隊裡的角色，並從另一角度為團隊貢獻。

學會照顧運動員的情緒，尤其對康復中的運動員來說，既是一種尊重，又是一種鼓勵。

## 2.8　運動倦怠

數年前開始，香港電台與精神健康諮詢委員會一起製作了一個電視節目《陪我講Shall We Talk》，我有幸參與了第二季其中一個單元〈初心〉的故事鋪排，內容圍繞兩位青年運動員面對運動成績停滯不前而變得心力交瘁。

「心力交瘁」一詞對香港人來說並不陌生，在本章開首與舞蹈員的對話中也曾經出現。

心理上的疲倦和疲累，於運動員當中極之常見。這既不是懶惰，也不是沒動力，這種狀態其實有一個真正的學名——「運動倦怠」（athlete burnout）。

也許大家未必接觸過運動倦怠，但對香港的上班族來說，職業倦怠（或職業過勞）街知巷聞，就連世界衛生組織（WHO）也將其列入國際疾病分類中，其定義是在工作場所長期累積了壓力，而未能成功管理此壓力所造成的身心狀態。

2024年初，《時代雜誌》發表了一篇關於倦怠的文章，引述電腦科學教授Cal Newport對這個時代命名為「大枯竭」（The Great Exhaustion）的論述，並探討人類渴望重建他們與工作的關係，以減少普遍存在的疲憊。

「大枯竭」時代到底是怎樣衍生出來的？

學者把在藍區（生活於藍區的人更長壽、更健康）生活的人與在非藍區生活的人進行大比併，發現後者創造了一種不可持續的生活方式。香港當然屬於非藍區。

怎樣才算不可持續呢？

在一個商業主導的社會裡，工作勝過一切。

上班族會圍繞著工作再安排自己的嗜好，在地鐵上回覆電郵，有些更把加班當作一種榮譽。我們甚至在家健身，因為去健身房很「費時」；我們寧願叫外賣，因為懶得去超市買新鮮食物，怕為自己增添麻煩。

然後，世界充斥著經濟衰退、戰爭、疾病、仇恨犯罪……這些大大小小的社會問題靜悄悄潛入我們的腦中，不知不覺間觸動我們的情緒。

我認識的本地運動員雖然大多數都不是上班族，但他們的訓練方式跟上班族的生活卻是十分相近。對他們來說，運動永遠排第一，因為訓練比任何事更重要，嗜好當然也是圍繞著運動再安排，就連跟朋友相聚的時間也要犧牲（當然，有時也受環境因素影響，這種決定並非自願的）。

運動倦怠的狀況，跟職業倦怠類同。運動員日以繼夜周旋在訓練與比賽之間，累積下來的壓力就像一種深層次的疲倦，不是睡睡覺、曬曬太陽就能恢復的狀況。運動倦怠可以是身體、情緒及心理上同樣感到耗竭，一旦想到要去訓練就覺得厭倦，頭上籠罩著一片烏雲一樣，完全提不起勁。運動倦怠表徵眾多，可以從思想或感受反映出來。有人會長期感到疲累，欠缺精力做其他事；也有人不像以往一樣關心運動表現，有種「花在運動上的精力不如拿來做其他事情」的感覺，這些都是運動倦怠的特質。

前英格蘭欖球國家隊接鋒Jonny Wilkinson的巔峰時期可說是世界欖球賽場上最出色的踢球手。他的踢球能力無人能及，是透過無數個小時的訓練而取得的成果。但當時的他執著地認為，如果不能連續命中5個球，他就會令人失望。

他對練習的完美主義態度導致他錯過很多其他日常需要處理的東西，他後來表示這是在2003年欖球世界盃上陷入低谷的原因。世界盃後，他的腹股溝還受過幾次重傷。大量科學研究表明，完美主義會導致過度訓練，進一步增加受傷的可能性，最終引致運動倦怠。

運動倦怠當然不是世界級運動員獨有的挑戰，我也知道有許多運動員被運動倦怠問題纏繞。運動員面對的倦怠症狀未必跟普通人相同，而面對的風險因素較多跟運動項目有關。

## 運動員為何會陷入倦怠狀態？

- 財政問題(尤其是依賴獎學金的運動員)

- 訓練沉悶、沒變化

- 睡眠、休息及恢復時間不足

- 專項化(主要針對青年運動員)

- 過度訓練、賽後太快恢復訓練

- 過於熱衷於參加比賽

- 具有失衡完美主義或「A型」性格的運動員(包括運動員在訓練和突破表現上有著追求完美的態度或思維模式、對自己要求過於苛刻、有條件的自我接納、不設實際的要求)

- 無法/抗拒向他人尋求協助

- 過度關注運動，而忽略其他嗜好或興趣

- 沒有看到期望中的成長和表現，而期望可以是來自自己的，或者家人和教練

- 失去比賽或訓練的喜愛或動機

- 感覺無法控制訓練

- 在運動領域裡感覺自己不受重視

## 運動倦怠的形成

運動倦怠可以透過認知角度去理解:

**階段一:訓練處境(例如:訓練強度過高)**

**階段二:對情況上的認知(例如:認為訓練負荷過重)**

**階段三:生理及情緒反應(例如:訓練時容易生氣、消極、覺得疲勞)**

**階段四:行為反應(例如:逃避訓練)**

運動員處於第一、二階段時,不一定會產生運動倦怠,但第二階段是決定運動員會否完全進入運動倦怠的關鍵。

如運動員認知上認為運動訓練得到的只有壞處,就會令自己陷入倦怠,並開始有第三、四階段的情緒、生理和行為反應:

| | |
|---|---|
| **情緒反應** | 心情低落、消極、生氣、憂鬱 |
| **生理反應** | 頭痛、失眠、疲勞、沒胃口、沒精神 |
| **行為反應** | 運動表現下降、逃避訓練、對訓練漠不關心、對訓練比賽有心無力 |

運動心理學 2 ——除了運動員,你還是誰?

運動員有時會做出超人般的壯舉，但這會令我們忘記他們其實都是人。運動倦怠雖然暫時不列作心理疾病，但它跟抑鬱症、焦慮症有密切關係，絕對不能輕視。

## 怎樣分辨運動員「懶惰」與「運動倦怠」？

### 1. 休息後，疲累的感覺不會散去

　　倦怠導致身心疲憊，是超越正常的疲倦。即使經過充足的睡眠，你可能仍感到精疲力竭，難以尋回力量完成日常的瑣事。

### 2. 對喜歡的事物喪失興趣

　　運動倦怠，會驅使我們對喜愛的活動失去興趣。這與懶惰不一樣，因為惰性跟興趣和喜愛程度有關，若我們本身對某事物毫無興趣，我們自然就會懶惰起來。相反，倦怠會令我們對曾經高度關注的事情熱情減退。

### 3. 行動力和表現下降

　　倦怠會使我們在工作或生活其他領域的表現顯著下降。我們會變得越來越難集中、難以做決策，或無法於正常時間內完成任務。

### 4. 健康響起警號

　　倦怠會令人身體不適，而頭痛、肌肉疼痛和腸胃問題等都是常見症狀。同時，它亦會影響人的情緒和精神健康，導致情緒波動、煩躁，甚至患上抑鬱或焦慮症。相反，懶惰不會引致身體不適和情緒起伏等問題。

## 失衡完美主義與運動倦怠

過度完美主義傾向和對錯誤的執著跟倦怠有直接關係。前文引述的Jonny Wilkinson就是一個好例子。

臨床心理學期刊（*Journal of Clinical Psychology*）於2021年發表了一項運動倦怠研究調查，研究主要圍繞運動員的完美主義與倦怠，以及壓力的中介作用。研究共有250名運動員參加，有足球、田徑、高爾夫球和舉重運動員，全員平均年齡為21歲，參加大專院校或國際級別比賽至少8年。學者對運動員的壓力、完美主義和倦怠程度進行測試，並發現過度自我批評的運動員，以及那些稍微失敗便非常消極的運動員，更有可能在運動中經歷倦怠。

表面上，擁有失衡完美主義特質的運動員對自己十分苛刻，亦因此為他們帶來成功和認可；實際上，在完美主義者的腦袋裡，往往充斥著非黑即白的思維，導致他們對訓練、比賽和表現上的執著比一般人高，很容易就會陷入過度訓練、睡眠不足等問題，久而久之倦怠就會爆發。我們當運動心理學家的，會嘗試與運動員一起了解和描繪他們的思維模式，再分析他們擁有的完美主義特質，以及運動倦怠的潛在危險。

此外，我們也能防患於未然，或在問題爆發時加以緩解。

## 預防及調適運動倦怠，可以由自己做起

### 1. 了解自己需要多少作息時間才能恢復體力

比賽和日常訓練後，所需的恢復時間都會不一樣，就算以往沒有特別去記錄，也可以憑感覺找到理想答案。體力恢復的定義比較主觀，對下一節訓練有所期待、睡醒後精神飽滿、上課能夠專注十足等都可以是體力已充分恢復的表現，具體感覺因人而異。你自己的答案定義了何為「充分休息」。

制定一個休息和復原時間表的同時，我們也應該考慮自己的年齡、訓練程度、訓練量和比賽密度等重要因素，每名運動員所需要的休息時間各有不同，因此應諮詢教練等專業人士來獲得更詳細的資訊。

## 2. 在不同的嗜好中尋找樂趣，而嗜好不一定要跟運動有關

訓練乏味，是運動員出現倦怠的原因之一。當訓練計劃單調，運動員感受不到箇中樂趣時，就不會感到刺激。如你是運動發燒友，想挑選另一項運動來補充目前的訓練計劃，那就可以選擇跟主項肌肉發力形式不同的運動，例如長跑運動員可以嘗試攀石來刺激不同的肌肉。

嗜好，也不一定要跟運動有關。尤其是已經專項化的運動員（見第六章〈青年運動：從玩樂到競賽〉），如你發現自己的生活圍繞著運動運轉，就要重新審視自己在運動以外領域的喜好。我認識的運動員當中有喜歡烹飪的，他們放假時會跑去參加烹飪課，幫助自己吃得更健康，而身處於與運動無關的環境也能暫時放下運動。

## 3. 抽走運動中一些規律的部分

我們活在一個敵視休息的城市裡。本書第一章〈深入認識運動心理學〉討論「復原力」時，提及到每天微休息可以協助我們提升復原力。美國長跑好手Jax Mariash Koudele因為運動倦怠離開長跑並轉戰三項鐵人，好幾年後才回到長跑的懷抱。她接受訪問時表示，一年四季無間斷的訓練，從來都沒有時間好好休息。在長跑找不到動力，倦怠慢慢浮現，使她決定離開並投入到一些非規律的事情，卻令她有煥然一新的感覺。

如發現微休息並不奏效，嘗試每數個月花一段時間活在當下，避免長期跟著時間表走，這樣對放鬆精神有正面作用。只要我們繼續進行低強度的鍛鍊，仍然能維持體能水平，從前的訓練不至於完全白費。

## 4. 擁有更廣、更正向的支援系統

我發現運動員的交友圈中，同僚佔了一大部分，當然這並不奇怪，因為大眾會假定非運動員無法理解運動員日常訓練的辛酸。不過，嘗試抽時

間去了解非運動員的世界，可以開拓自己的視野。他們雖然生活在一個完全不同的世界，但運動員可以學會從多角度看待不同挑戰，加深對自己的認識，從而提升表現，尤其是那些還在求學階段的運動員，應該為他們建立一個更全面的支援系統。

## Take Home Messages

1. 「糾正」和「找錯處」刻在我們的文化裡，本質是沒錯的，但要小心完美主義會因此而形成。

2. 擁有健康完美主義的人如不謹慎處理自己的想法和傾向，終有一天也會變成失衡完美主義的人。

3. 人可以去追求完美，但要知道這個標準不會實現，所以找方法達到卓越的門檻才是贏家。

4. 增加完美主義的「調適」因素，可以協助擁有完美主義傾向的人減少執著。

5. 跟運動員(尤其是審美運動員)建立「中立身體形象」，有效避免他們擁有失衡完美主義傾向。

6. 痛楚不只一種生理反應，情緒的起伏也會影響痛楚程度，以及傷患的康復進度。

7. 運動捲怠可以因為完美主義、過度訓練而形成，但能夠透過不同方式預防及調適。

1. 阿朗是一位15歲的田徑好手，在學界乙組排名數一數二。他最近成績下滑，在近期一次比賽中，成績比丙組的同學還要差。他為此悶悶不樂，開始沒心機訓練。有次他拉傷了大腿，當知道短期內無法正常訓練時，他整個人都要崩潰了。

如你是阿朗的教練，你會透過甚麼方法協助他跨越各種心魔？

- 
- 

2. 如你是阿朗，近期被田徑成績困擾，一直糾結應否放棄，更開始抗拒練習，但同時又很捨不得多年的努力。你想設個時限給自己，用3個月來看看自己能否走到更遠。這3個月內，你會用甚麼方法嘗試令自己不進入倦怠狀態呢？

- 
- 

練習2

思潔是一位初中生，同時也是一位壁球手，爸媽從小到大對她很嚴格，所以她學會要對自己要求高，平時做任何事也很有驅動力。最近，她經常把「我一定要打得比別人好」這種比較心表露無遺。她對比賽的失誤過分擔憂，更影響她上課的專注力，每

**運動心理學 2** ——除了運動員，你還是誰？

次對著功課、訓練都拖泥帶水的，對壁球及讀書的心態好像180度轉變了。

如果你是思潔的朋友或體育老師，你會怎樣幫她？

* 

* 

## 參考答案：

◎練習1：

### 1.阿朗的教練的建議：

針對成績下滑：了解田徑對他的身份認同（見第四章〈除了運動員，你還是誰？〉），解釋休息是建立心理韌性的技巧之一，跟他討論卓越主義等。

針對傷患：除了照顧身體痛楚，可以建議他多照顧情緒，使康復進度順利一點。

### 2.阿朗給自己的建議：

參考「預防及調適運動倦怠，可以由自己做起」內容部分。

◎練習2：

了解思潔的表現目標及過程目標、場上的認知和情緒狀態，嘗試跟她討論卓越主義，提供靈活性的訓練方式，在訓練時容許她犯錯等。

# 第3章

# 運動員與
# 網絡世界

　　西方國家最近流行一句跟社交媒體相關的話:「Post it or it didn't happen.」(不發帖就不算發生過。)

　　對於這句話,我蠻認同的。

　　過去數年間,運動心理學家與運動員之間的溝通發生了重大變化。從前會談論運動表現、焦慮、集中力、動機,甚至對於離開或持續運動的決定,由於近10年社交媒體的出現,直接和間接地影響了運動員對自身的看法和對運動的感受,因此我們的溝通內容亦多了一個討論點。

　　如你平日有關注運動員練習前後的狀況,他們大多機不離手。練習一結束,他們便會向網民展示訓練情況,不忘自拍並上載到Instagram、Snapchat及BeReal等。亞運前,運動員紛紛開直播,先是把自己的代表隊衣服展示給追蹤者,到達選手村後再把房間、用餐及比賽場地公諸於世。

　　數位媒體正在以我們意想不到的方式不斷發展,不論你是學生、運動員、家長、教練或在職人士,你的虛擬世界都在持續擴大。過往,在運動員不流行使用(或不必使用)社交媒體的時代,他們會依賴官方網站的更新,可能要花上好幾天才知道自己的比賽排名。每年學界賽,運動員會圍著發布成績的白板,耐心等待工作人員印好成績單貼出來,才會知道自己學校的得分結果。現在,運動員們會在即時世界中分享和更新資訊,並利用社交平台跟

粉絲互動。

　　無可否認，社交媒體比起以往的社交方式更能有效及輕易地連繫每一個人，亦能讓我們迅速地搜尋任何重要資訊，如全球災害、教學及研習方法，以及一些全球共同參與研究的科研項目等。世界杯賽事片段可以即時在互聯網上供大眾欣賞，近年多間中學亦透過自己開設的社交平台直播聯校賽事。NBA和英超球迷根本用不著開電視，直接下載應用程式便能看球賽精華。疫情期間，為減低因東京奧運會延期舉行及缺少直播賽事所帶來的損失，國際奧委會改變了賽事頻道的播放內容，於既有的頻道重播歷屆奧運會的開幕及閉幕典禮，以及於新增頻道裡播放一些歷屆的焦點賽事和決賽片段，令這些運動員在社交媒體繼續受重視及關注，運動員仍無間斷地全力以赴去爭取佳績，該頻道亦將運動員聚集一起，以短片方式將奧林匹克精神帶到全球並共同抗疫。

　　社交媒體除了讓我們更容易欣賞競技運動，同時也能將我們與體適能拉近。我認識的體能教練當中有些特別用心的，他們會運用主題標籤（hashtag）和透過WhatsApp及Telegram群組，找出志同道合的人，建構自己的圈子「講健康」，令社區變得更「愛運動、愛健康」。這種做法在外國也大行其道，我也有追蹤過外國的瑜伽導師，他們透過平台舉行跨國活動，凝聚數萬人，場面非常震撼。

# 3.1 社交媒體成癮及對心理健康的影響

縱使社交媒體在運動層面上有帶來正面影響，它同時亦容易令人沉迷及帶來不必要的麻煩。「社交媒體成癮」（social media addiction）的出現，令全球關注使用社交媒體對身心健康所帶來的影響。即使「社交媒體成癮症」（social media disorder）仍然未於《精神疾病診斷與統計手冊》（第五版）中出現（其修訂版暫時只列出「網絡成癮症」，即Internet gaming disorder），此問題在近幾年已被廣泛提及，當一個人過於沉溺及不理性地使用社交媒體，且對日常生活出現負面影響時便可視為成癮。2019年底疫情爆發，為了防疫大家都減少外出，令不少人過分投入於社交媒體的情況變得更嚴重。

雖然社交媒體於疫情期間成為連繫不同運動愛好者的媒介，讓他們互動更頻繁，並獲取更重要的資訊，但同時亦令網絡使用者出現不同的心理問題，例如害怕被遺忘、感到孤獨和被社會孤立，這些挑戰與憂鬱症及焦慮症有著緊密關係。而對運動員來說，疫情徹底打亂了訓練和比賽計劃，運動員感到無力之餘，社交媒體帶來的負面影響是令心理健康惡化的額外因素。

## 自我感覺良好

網絡確實是把雙面刃。

試回想，你上一次於社交媒體發帖時，有沒有刻意把黑眼圈先抹掉、把照片修得更明艷動人？而發出限時動態後，有沒有不停翻查誰在看？神經科學家發現，每當我們瀏覽社交媒體或使用手機時，我們的身體會釋放一種名為多巴胺的腦內神經傳導物質。多巴胺能帶給我們快樂的情緒，所以吃糖

運動心理學 2 ——除了運動員，你還是誰？

果、做運動、吸煙、喝酒和賭博等，腦內也會產生多巴胺，令我們繼續尋找類似的體驗或行為來增加多巴胺反應。

此外，人是社交動物，喜歡跟別人聯繫，所以當我們透過社交媒體接收朋友的訊息時，我們也會頓時感覺良好。心情低落時，在線上向友人傾訴，即使友人只是給予簡單回覆，你也會感到窩心。

多巴胺的產生亦能解釋為何我們熱衷於查看讚好自己貼文的人。時刻留意讚數、留言數、分享數也可以成癮，成癮者可能會想：原來這類型的貼文比較多人喜歡，那我以後要再發類似的相片或貼文。若發現自己的帳戶關注度開始下降時，我們不禁會反覆思考，是我的貼文不夠有趣、相片不夠漂亮嗎？還是曾經關注我的人不喜歡自己了？換句話說，社交媒體跟吸煙、喝酒一樣使人上癮，唯一不同是使用社交媒體並沒有年齡限制，滑手機變得像打開酒櫃般容易。

## 社交媒體帶來的不安感

社交媒體雖讓我們自我感覺良好，但它同時帶來一些不安感。不少學者列出多個有可能造成「社交媒體成癮」的心理因素，當中包括低自尊、孤獨和懼怕被忽視。

1. **自尊心**：自我評價的一種，已被證實是網絡成癮的決定性因素。自尊心較低的人渴望在社交媒體上引人注意，依賴在網上收到的正面回饋增強自我價值感，所以更容易出現網絡成癮的行為。比方說，自尊心較低的人於社交媒體上得到大量的正面反饋和讚美，會感到滿足和自豪，自尊心會同時增加。這種正面的自我評價會令人持續地使用社交媒體來追求這種來自外界的肯定。

2. **孤獨感**：一種情感及被社會孤立的體驗。孤獨感越強的人對社交媒體的沉迷程度會較高。由於他們在現實生活中缺乏社交聯繫，他們會在社交媒體

上花大量時間尋求虛擬社交互動和連結，包括追蹤和關注多人、參與各種網絡社群，以填補他們在現實世界中缺乏的社交需求。

3. 錯失恐懼(Fear of missing out, FOMO)：這是一種很普遍的擔憂，是一種擔心錯失與他人一起經歷某事件而產生的焦慮。研究發現，FOMO與社交媒體成癮和社交媒體倦怠息息相關。有FOMO的人會因為怕被忽視或遺忘，傾向重複翻查自己的貼文、留言和訊息，為確保得到期望中的關注和回應。

## 教練普遍對社交媒體的看法

數年前，一位帶領美國奧運跳水隊的主教練與我談及一名年輕女隊員。「她非常有潛質，又漂亮，大家都認識她。她亦很擅長經營自己的社交媒體，短時間內就建立了自己的形象品牌。」

「我有看過她的帳戶，感覺形象很正面。」我回應。

「但其實我一直都擔心她。她才19歲，明明是應該好好練習的年紀，但我覺得她在品牌建立及尋找贊助商方面投放太多時間了。你看，她每日至少發布7、8個限時動態，哪有時間專心訓練？」他慨嘆，「去年因為贏了世界賽，她的社交媒體追蹤人數大幅上升，覓得不少贊助商，可是她的比賽成績卻開始走下坡。她縱使天資聰穎，但如果任由她繼續沉迷下去，很有可能成為推倒她(運動)生涯的絆腳石，然而我能說甚麼？」主教練既擔憂又無助。這不是冰山一角的問題。很多教練亦向我提及過，現今的運動員不及上一代的運動員那麼專注於運動事業。

「現在的運動員就是難以完全跟從指示、牢記教練的回饋，更不用說於訓練中聚精會神。」這是我做教練心理學工作坊時最常聽到的話。

這令我回想起2015年澳洲奧委會對自己國家代表隊發出的警告。澳洲國家隊當時被問道：「明年里約奧運會，到底你們會忙著發文還是比賽？」

運動心理學 **2** ——除了運動員，你還是誰？

("Are you going to tweet or compete?")因為國家隊於倫敦奧運「機不離手」，表現差強人意，就連國家游泳代表Emily Seebohm也不禁承認，她在倫奧期間因為花太多時間在社交媒體上，被網民的高度期望所分心，導致她錯失了金牌。

其實教練也為此感到很苦惱。緊貼一直在變化的訓練模式本就不是易事，教練跟運動員在溝通上也遇到越來越多挑戰，這一切都逃不開社交媒體這個幕後黑手。

教練以上的顧慮，其實也沒有一刀切的方法可解決問題。

但究竟運動員為何會在網絡上花這麼多時間？

# 3.2 社交媒體是運動員的雙面刃？

## 自由 vs. 限制

### 1. 可以為自己自由創建內容

究竟運動員建立社交媒體的目的是甚麼？單純跟好友分享，視它為一種娛樂？把它設立為公開帳戶，分享訓練節錄？作為行銷技倆，方便心儀大專院校注意自己的運動成績？還是發布有關運動成績的資訊，成為品牌評估自己商業價值的指標之一？

你不難看到現役運動員很投入地去經營自己的社交平台，剪輯、濾鏡及AR特效、字幕等一手包辦，花盡心思。當中有些旨在宣傳運動訊息，亦有些從商業角度出發，希望藉著吸引粉絲群和舉辦社交媒體活動來尋覓贊助商，以獲取更多收入。

說實話，除非運動員奪得亞運或奧運獎牌能贏取額外獎金，精英運動員的收入僅是「剛好夠用」，所以能夠透過月薪和比賽獎金以外的方法賺錢，對他們來說自然是錦上添花。這種額外收入可以支援他們到海外進行高強度訓練，運動員會覺得經營一下社交媒體沒壞啊，反正一向都在用，既然有賺錢的可能，何樂而不為呢。

### 2. 品牌發布方式和內容上的限制

過去數年，許多品牌看準運動員的正面形象而陸續主動接觸運動員。一般情況，品牌均會在合約上規定發布資訊的內容、頻率和時間。這代表運動員不是想寫甚麼就寫甚麼，一切都需要經過官方審核。哇，連內容也不用想，這不好嗎？但如果不幸遇上一個不太好的贊助商，而你需要發布的內容

運動心理學 2 ——除了運動員，你還是誰？

違背了自己意願，跟自己的價值觀有衝突，就會身處於困境之中。

## 表現自我vs.掩蓋自己

### 1. 表現自我：用作發聲和提升曝光率的途徑

　　大家記得數年前的#MeToo事件吧？社交媒體為性暴力受害者提供發聲途徑，同時也能為運動員支援及發聲。專門研究美國學生運動員的學者發現，他們使用Twitter的頻率極高，Twitter帳戶上的互動和轉發，不但可培養團隊精神和與隊友增進感情，同時可用作聲援用途，為球隊建立正面形象。

　　社交媒體的使用不一定局限於商業方面。無論你是稍有名氣的運動員，還是只是經營平台給朋友看的運動發燒友，你也可以利用它加深大眾對如柔道、閃避球等小眾或新興運動的認識，透過提升曝光率來宣傳自己從事的運動。

　　同樣，社交媒體可以成為運動員展現個性、分享正面訊息及討論不同主題的平台。它能夠令公眾更全面了解運動員本人，而不是僅僅看到運動員在運動場上的單一身份。在社交媒體上採取積極的態度，尤其是在應對挫折或挑戰時，能體現運動員的成熟和專業，甚至對教練或贊助商更具吸引力。近年，世界級運動員頻頻利用社交平台發聲，日籍網球員大坂直美是較有名氣的一位，她利用個人社交平台分享她與社交焦慮和抑鬱症的鬥爭，並強調大眾需要改變對心理與精神疾病的態度。

### 2. 掩蓋自己最真實的一面

　　既然經營帳戶是一個難得的機會去展現自己，為甚麼有些運動員會卻步呢？其中一個原因，是他們拿捏不了該發放多少真實內容。在美國，學生運動員跟大學簽約後，院校體育部會時刻監察他們於社交媒體上的一舉一動，帳戶上的任何活動隨時都可以成為「入罪」的藉口。一位正在美國唸大學的學生運動員曾告訴我，有部分學生運動員只敢發布與學校相關的內容，因為這樣一定不會出錯。

本地精英運動員算是公眾人物,但大眾又不是每天跟著他們訓練,所以社交媒體成為大眾認識他們的唯一平台。他們發布的內容會受大眾評論,有時候他們還需要特意發布與運動相關的內容以維持大眾心目中的運動員形象。正如上文提及,運動員使用社交媒體的自主性也不是我們想像中那麼高。

先不說運動員,翻看我們在網上追蹤的人,可能看到的都是經營和塑造出來的形象。例如發文時常報喜不報憂,呈現最美好的一面給他人,以迎合社會口味;天天發布辛勞上班的貼文,或吹噓自己的豐功偉業;有些人則不斷分享周遊列國的旅行照,展現幸福美滿的家庭。既然能得到期望的迴響,就會一直經營下去,就如動漫遊戲中所謂的「人設」,不是在展露自己最真誠的一面,而是將網上的形象注入角色靈魂,進行人物設定工作。究竟有多少是真實,不得而知,但在網絡時代,若被人發現跟真實形象有落差的人,較容易守不住。

## 入讀理想學府及其潛藏隱憂

### 1. 增加在大專招生時的曝光率

一名14歲的馬來西亞壁球員曾向我透露收到一家中介公司的私訊,欲協助他進入理想學府。

「對方如何接觸你的?」我在線上諮詢時問道。

「他們在Instagram私訊我的。」他說。

坊間確實有此類公司提供「運動員升學」服務。他們主力推銷入讀英美頂尖大學,先於全球搜羅有潛質的年輕學生運動員,協助學生運動員建立運動履歷,鼓勵他們參加每年較重要的排名賽,多接觸大學教練,並提供升學建議等,以便運動員於足夠年齡進入招聘流程時,增加與教練溝通的機會。我接觸過的運動員當中,有數名也是經過此類公司的遴選制度被挑

選出來的。

　　而這並不限於運動員，外國亦有很多高中生透過社交媒體建立個人形象，在帳戶上展示自己參與的活動，讓心儀大學看到他的足跡，了解他的性格和喜好，希望為第一印象加分。

## 2. 影響升學機會

　　以上提及到運動員於「足夠年齡」才能進入招聘流程，主要是針對美國國家大學體育協會（National Collegiate Athletic Association, NCAA）制度的做法。他們有一項早期招生制度，指大學教練在協會的允許下，展開招募大學生運動員的工作。由於招募有年齡上的限制，教練只能在運動員滿15歲後的夏季才開始，或滿16歲後的秋季才開始直接聯絡學生運動員詢問他的升學意願。

　　雖然每個國家以運動考進大學的流程也不一樣，但對於那些旨在招收頂級運動員的學校來說，運動員早期就建立個人資料、透過社交媒體提升形象等行為似乎頗為重要。除非運動員成績早已很出眾，否則大學一般也會檢視他社交媒體上的動向與貼文，以了解其為人。

　　想不到吧，社交平台上發布的內容也會影響運動員的前途。

## 「爆紅」的好與壞

### 1. 建立個人形象，於運動生涯完結後覓後路

　　無庸置疑，頂尖運動員就是不斷爭取佳績的一群人，因此決定退出運動也會面對重重困難。越來越多運動員了解到退役後找出路的重要性，所以會提早於社交媒體建立個人品牌形象，為退役後的事業鋪設後路。例如，有些運動員在退役前嘗試擔任體育節目的主持人和評述員、網絡紅人或其他非體育界別的工作，試試水溫，為未來籌劃。

　　運動員在大眾面前的形象正面，很容易受商業機構青睞。贊助商期望

藉著運動員的知名度或個人特質，為商業產品帶來更多關注與迴響。從前大家認為運動員退役就只有當教練這條路，但社交媒體出現後，運動員在網絡上的曝光率增加，令大家全方位認識他們。當然，這也有賴香港運動員近年取得不錯的成績，令大眾更接受和認可他們的努力和價值。現在運動員的前途已不再局限於運動界別了。

### 2. 對於要經常曝光感到焦慮

可是，「爆紅」也不是大家想像的那麼美好。東京奧運後一位「爆紅」的運動員坦言，這種曝光程度對他造成不必要的焦慮。特別是如果運動員做過一些不符合大眾期望的行為，焦點會更容易落在他們身上。他過往曾分享一篇有關政治話題的貼文，內容帶有強烈情感，之後不停受公眾輿論影響，為他帶來很多壓力，焦慮變得更加明顯，他甚至形容這次事件為「幾乎像一道未癒合的傷口」。

另一位亞運代表曾向我表示，她於亞運前夕被體育記者刊登她的Instagram帳戶，一夜之間多了幾千位追蹤者。她認為社交媒體已經進入白熱化的階段，從亞運回來後感覺到有很多人突然之間對她的態度不同了。她開始得到不同的拍照和贊助機會，憶述自己初次替非運動雜誌拍照時，竟然被批評身形太健碩。

「竟然有人私訊我，問我以為自己是誰，好心不要拍雜誌！」這些難聽的話，令人多麼難受，「我是運動員而已，為何要被人批評身形不夠苗條？後來我聽多了，偶爾看到網上評論，就算不是在針對你，也會杯弓蛇影覺得是在罵自己。運動界別的人覺得你優秀、很有潛質又怎樣？網上留言就像摑一巴掌似的，比教練懲罰更難受。」她一臉無奈地說。

「我們又不是費達拿，沒有經理人會教我怎樣應對，在這個層面上就真的完全靠自己的修養。朋友教我不要去理、不要去想，你在意就代表你輸了，但真的有這麼簡單嗎？」

運動心理學 **2** ——除了運動員，你還是誰？

## 運動員使用社交媒體對心理健康的利弊

### 1. 回顧個人成長過程

運動生涯終有一天會完結，運動員定期翻看社交媒體，當中有很多做過的事、去過的比賽很值得回顧，同時亦是認識自己的一個過程。我認識一些做運動「練健康」的朋友，用社交媒體作為訓練紀錄，一兩年後回看貼文，會為自己體能上的進步而高興。

數年前，一位當時二十多歲的三項鐵人運動員跟我提起，當他考進大學便把私人帳戶公開，雖然當時並沒有太多追蹤者和評論，但他回顧過去發覺自己處事衝動，不像現在有技巧及聰明地撰寫貼文。

另一位體操運動員回看自己的社交媒體時，發現自己常常在不穩定的情緒狀態下發布貼文，字裡行間明顯展露了不成熟的想法。她跟我透露：「其實看著自己一步一步成長，更懂得去處理情緒和貼文，這個過程蠻有趣的。」

無論是發出的內容具爭議性，或是一時衝動說錯話，一旦在社交媒體上公開展示，就會引起別人關注和討論，也許會成為你個人成長過程中不能磨滅的歷史，但這是一個回顧自己成長的良好過程。

### 2. 對負面評價的焦慮

人與人之間的互動，難免會因為意見上的分歧而產生磨擦。在運動員生涯中，運動員可能會因為被拿走參賽資格、對於體育總會制度或遴選過程透明度不足等事情而不滿，繼而產生磨擦和紛爭。

現代運動員偶爾利用社交媒體「站出來」澄清捏造事實的新聞，然而網絡上的你一言我一語，瞬間可能已經變成網絡戰爭；運動員作出反駁又會被責罵，甚至被人斷章取義，令事件繼續發酵。若這類事件在比賽前夕才發生，這難免會令運動員分心，無法專注比賽。

有運動員曾跟我透露，某次她對世界賽的遴選過程感到不公平，希望為一些符合資格但沒有被選中的運動員發聲。她當時隨意寫了一下自己的感受，結果收到體育總會警告，自此她變得謹慎，不敢於社交平台上亂寫東西。

「打手」或「網絡無賴」（即負面評論或網絡惡意評論者）不僅對運動員造成困擾和苦惱，還可能會對運動員的情緒造成長期傷害，包括焦慮和抑鬱。印度女子籃球隊的隊長Shireen Limaye幾乎整個職業生涯飽受網絡欺凌，尤其是在比賽失利後，會立即收到有關身體羞辱的訊息，如「你這個又胖又醜的傢伙」、「身材走樣連球都碰不到」等。她承認自己一度憂鬱，被不認識的人恥笑她身形過胖，以致終日失眠。

研究指出，網上的負面評價對審美運動如體操、花式滑冰更為嚴重。有別於一般運動，審美運動的賽果是基於裁判員的主觀判決，運動員需要面對相對更多的主觀意見。

一名澳門運動員曾因為社交媒體而感到壓抑：

「原本我以為帳戶屬於我自己的，想說甚麼就說甚麼。直到被責罵後，我一直在懷疑自己，是不是需要裝成另一個模樣給大家看？每天都在糾結哪一面才是真正的我，我覺得很辛苦。」

無論運動員是單純分享自己去旅遊的照片，還是接到非運動相關的工作機會而需要發文等，他們的帳戶漸漸不再局限於運動消息。如運動員表現遇上瓶頸，他就可能會面對網民的討論，例如：「你現在當模特兒還是運動員？到底有沒有專心在訓練？」這無疑會令運動員對發文有壓力。這是否代表他不能出去放鬆？還是要定期發布訓練影片，才算有努力訓練呢？

運動心理學 2 ——除了運動員，你還是誰？

**3.3　為運動員制定社交媒體策略指南**

社交媒體無疑是福也是禍。

大家應該對於美國體操運動員Simone Biles這個名字一點也不陌生，她是性侵犯的受害者，在社交媒體上非常高調，一直以來利用社交媒體記錄自己的心路歷程，與粉絲建立緊密關係。同時，她亦利用自己的平台分享個人面對「twisties」（體操選手在空中進行扭轉技巧時可能會遇到的心理障礙）的經歷，並解釋這是導致她於東京奧運提早退出的主因。

網友們對她退出東奧的決定有不同看法。學者分析了近四萬多條關於Biles退出奧運的Facebook評論，發現評論兩極化——不少網民表示支持她，並參與圍繞運動員心理健康的討論中；另一些網民則譴責她在世界最大的運動舞台上退出的行為，更留下「怎對得住國家」、「非常可恥」等評論。

作為一個公眾人物，Biles需要面對大量網絡上的流言蜚語，當中不僅包括攻擊她的體操生涯和決定，還有攻擊她身體的評論，但也收到大量的愛和支持，令她意識到體育成就和體操運動員的身份只是她人生的其中一部分，並不是人生的全部，這是她以前從未真正相信過的。學習應付社交媒體上的評論漸漸變成了運動員的責任之一。

也許你會想：她是世界級運動員，受到的關注程度當然不一樣，我只是一名普通的本地運動員或青年人，哪有這麼多人關注？然而在現今世代裡，網絡世界瞬息萬變，無論你是甚麼層次的運動員，善用社交媒體的貼士也要略知一二。

## 學習善用社交媒體（發布資訊方面）

### 1. 每次發帖前停一停，想一想

當你準備在社交媒體上發布貼文前，請停一停，想一想，或等約一分鐘才發布，尤其是與隊友意見不合而忍不住發洩的內容，或發布一些不適合、不能公開的照片。研究顯示，大多數社交媒體引發起來的問題都是因個人衝動而起，只要行事謹慎則統統可以避免。

到底在等待的那一分鐘裡，我們需要考量甚麼？這並沒有甚麼具體規條，也沒有模擬答案，但我鼓勵你可以先想想貼文後的後果。萬一貼文被瘋傳，認識你的人會如何解讀你的內容和照片？不認識你的人（如未來的教練、僱主，甚至陌生人）又會如何解讀？任何社交媒體上發布的資訊都是永久性的，哪怕是一個兩秒的限時動態，也可以在數秒鐘內被成千上萬的人截圖、觀看、轉載、發送。這並不局限於政治立場等敏感議題。如你的貼文牽涉個人意見，不妨先給信任的人校對內容。

### 2. 接受大眾對你的運動員身份的重視，審視發布內容的方向

在教練或大眾眼中的全職運動員，做好運動員角色才是首要的任務（如你是一個擁有多重身份的運動員，那你就要衡量哪個身份較重要）。一直用心經營帳戶的你，究竟貼文能否反映你的主要身份？

每當運動員比賽失利，我發現大眾會傾向串連到運動員在網絡上的非訓練內容。運動員固然會對此感到委屈，因為每天艱辛的訓練大眾無法看到，而比賽表現本來就有高低起伏，大眾的評論確實流於表面且十分無情，抨擊運動員的留言也毫不客氣，這一點我很明白。當運動員遇上瓶頸，社交媒體的留言就會加劇運動員對自己的懷疑。

我們要先學會接受別人就是會這樣看待你，並會無情地評論，甚至質疑你的專業。除非你每天都得獎牌、上報紙，否則你的帳戶就是他們認識你唯一的平台了。如你關注自己的形象，並在乎大眾對你的評論，你就要更謹慎考慮分享的內容了。當然，如體育總會或教練會定期檢視旗下運動

運動心理學 2 ——除了運動員，你還是誰？

員的帳戶，你也需要注意內容會否違反他們訂下的指引。到底你發布的東西會如何令外界定型你是一個怎樣的運動員呢？

### 3. 發布內容多樣化，可以向別人表達感激或反思比賽為主

社交媒體專家表示，發布多樣化的內容能偶爾轉移注意力，令大眾了解你的日常生活以及訓練日常之餘，同時不忘贊助合作、比賽、公益、推廣運動等貼文。

有些運動員很想發文，不過對內容發布方面感到猶豫。如你在發布內容時卻步，可以考慮表達對其他人(如主辦機構、參與國家、工作人員、教練等)的感激。反思比賽的訓練過程及箇中感受，也是不錯的選擇。運動員可以避免過度發放跟比賽結果有關的內容，減低因表現不佳而面臨負面批評或攻擊的可能性。同時，也可留意貼文是否投放了過多個人意見，影響內容的客觀性，甚至引起爭議。

同時，你也可以反問自己，到底希望受眾從你的分享中獲得甚麼感受或資訊？若你想吸引別人喜歡你的個性，比較個人化的貼文與交流固然有用；若你是為吸引大眾關注運動本身，那就要注意內容及措詞是否能增加大眾對該運動的認識或興趣了。

以上的第二和第三點，都是引導你去定期檢討當前內容的方向與個人期望的一致性。到底是否需要轉變內容焦點，可以根據以下第四點決定。

### 4. 在網絡上展現多少真實的自己，在乎你對自己的保護

「運動員表現得不真誠，就會被人批評很假；但表現出最真實的一面，就會顯得自己很懦弱，不像運動員。」一位外國單車選手曾跟我說。

我們需要在虛擬世界展示最真實的自己嗎？這個答案並不是一個簡單的是與否，而是一個很個人的決定，所以運動員可以根據自己的舒適度做抉擇，而結果取決於自我保護程度。

現今世代，我們甚麼都能在互聯網上查核，人本來就已經沒有甚麼秘

密可言了，所以自我保護尤其重要。我們應注意自己的底線，再決定分享內容。例如，為保護家人的私隱，任何親人的照片你均不會分享；或是，每次出外比賽只會在比賽後才發布消息或成績，以免影響自己的心情等，這些都是劃下界線和保護自己的方法。

不過，底線和性格因人而異，有些人喜歡在網絡上分享個人資訊，享受跟別人多些互動和交流；有些人卻很重視私隱，不想別人了解自己太多。這世上對於社交媒體的運用並沒有任何標準，因此也不要感到有壓力去仿效，最重要是認清自己的底線，以及做好面對批評的心理準備。當然，運動員可以限制貼文的討論區，從而將潛在的負面影響降至最低。

### 5. 如有需要，把公開和私人帳戶分開

前英國劍擊運動員Karim Bashir曾表示喜歡將自己的官方和個人帳戶分開。他認為自己的官方帳戶是展現自己的運動形象，所以應該專門公開運動員的日常點滴，個人生活照完全不會在官方帳戶出現，只讓大家評論與運動員身份相關的事情也是一種可行的做法。

一眾青年運動員中，一些人是擁有兩個或以上帳戶的，主要是因為學校老師偶爾會瀏覽他們的帳戶，開設多個帳戶能分開上傳給大眾（或老師）以及給親朋好友看的內容。如有需要為升學或其他用途開設公開帳戶，就應發布提升自我形象的內容，例如反映正向品格的照片等。

### 6. 在你的視覺日記裡，發布甚麼照片很重要

也許你沒有打算成為甚麼網紅或公眾人物，也不是全職運動員，沒有將社交平台視為建立品牌工具，只想好好利用社交媒體去記錄自己做運動的過程。以Instagram為例，你可以選擇只供信任的人追蹤，每次運動後便上傳健身圖片，加一段短文字，好好記錄自己的運動旅程，將Instagram變成你的視覺日記。這樣做的好處有三：一、能夠時刻檢視自己的進度；二、每天翻看目標紀錄，會更容易達到目標，從而增強自信心；三、遵循自己的運動習慣。

運動心理學 **2** ——除了運動員，你還是誰？

研究指出，以積極的態度為訓練作結，能有效提升下一節訓練的動力。所以，完成訓練後上傳一張正面的圖片，可鞏固你對該訓練的記憶，提升成就感，增加未來做運動的動力。同時，也可以加上主題標籤去尋找志同道合的人，或跟朋友進行網上運動挑戰，彼此激勵達到目標。

## 應對「網絡無賴」（接受資訊方面）

「網絡無賴」並不完全是網絡欺凌或單純地傳播仇恨，而它一直給運動員造成很大的困擾。網絡無賴活躍於討論區、Twitter、YouTube等平台，不是每個運動員都懂得應付。其實網絡無賴的動機不太難理解的——他們意圖擾亂對話，或寫一些傷害性的留言，有望得到大眾的關注度，而過程中他們因為透過激怒受害者，或讓受害者沮喪、疲憊不堪而得到成功感。

當網絡無賴留下過於負面或苛刻的評論，15歲以下的青年運動員不一定能以批判性和理性的方式為自己辯護。所以，長輩需要適時介入，教導他們如何辨識網絡無賴，並跟他們分析網絡無賴的背後動機。此外，家長也應鼓勵子女採取具體行動，如將他們封鎖、避免看他們的評論，甚至限制貼文的討論區防止進一步的互動，以及向社交媒體管理者報告其破壞性行為。

心理學其中一個名為「消極性偏見」（negativity bias）的理論，指出人類對負面評論特別在乎，會更受負面的事物（例如那些不愉快或有害的想法或經驗）影響。比方說，游泳運動員在50公尺自由式比賽跳水時跳深了，並執著於入水的失誤，忽略了自己表現較出色的部分，如水底動作、划水動作、觸池等，這也算是消極性偏見的一種。

消極性偏見為何會出現呢？其實這是人類進化過程中衍生出來的求生功能。自古以來，人類面對很多生存威脅，包括饑荒、自然災害、戰爭等。而面對威脅時，我們大腦中的杏仁核部分會被激活，引發戰鬥或逃跑反應，使腎上腺素流遍全身。人類不停應對不同的威脅，需要持續作出最

壞打算，此類思考模式可以提高存活機率。

我們面對社交媒體上的負面評論也是如此。就算在網上得到好幾個正面留言，但一個負評往往令我們更在意，甚至懷疑自己的能力。不過，消極性偏見是絕對可以解決的。

### 1. 分析它如何影響著自己的思緒

當消極模式開始作怪，我們要保持冷靜，平心靜氣地分析正在發生的事情。你會感受到甚麼情緒呢？是憤怒？是意氣消沉？嘗試跟自己形容一下。然後，了解負面評價或批評對自己思想上的影響。如你傾向過度分析負面評論部分，你就需要學習一些微技巧，打破這種思維模式。

第一，預先找一個喜好，或是能令你停止過度分析的方法或習慣，例如閱讀、跑步、打掃房間，或聽一些能讓你分散注意力的音樂。

第二，注意你的負面自我對話，並轉換詞語來取代一些攻擊性的字眼（見前作《運動心理學——建立自信，盡展所長》第二章第二節），例如「留言説我是一位垃圾球員，而我今季確實沒有做出任何成績」變成「我今季的技術確實有待改善，下季需要特別注意三個部分：＿＿＿＿＿（技巧）」。自我對話不一定將內容變得越正面越好，而是應該持平地分析自己的強弱項，以及對事不對人（不是攻擊自己球員的身份，而是評論自身的技術）。

### 2. 在社交媒體中注入正面的元素

要消除消極偏見，就必須在社交媒體上積極注入正面元素。

而方法之一，就是尋找機會為網絡世界做出正面貢獻，為自己和他人創造更愉快的體驗。心理學研究顯示，給別人創造愉快體驗，同時會令自己更開心。例如隊友比賽發揮理想，你可以在他的社交平台上恭喜他、寫下鼓勵性的留言；又或，你可以關注及追蹤一些能給你注入正面元素的帳戶。這種網絡態度有助於創造更充實的網絡體驗，對個人和更廣泛的網絡社交都有好處。

### 3. 預防消極情緒帶來的後果，先了解自己擅長的地方

就算我們每天上班、上學、訓練時一直跟其他人互動，我們獨處的時間還是不少，所以往往跟自己對話的時間佔最多。你有否發現，我們一向對隊友或朋友較仁慈，但對自己反而較苛刻？隊友比賽做得不夠好，我們二話不說上前安慰，但當自己做得不好，我們會變得自責，甚至覺得沒有資格被人安慰。另外，由於我們持有消極性偏見的關係，我們批評自己的聲音會比隊友的正面聲音更響亮，所以我們更加需要花時間學習了解自己的長處。例如，你可以考慮每次比賽後先給自己正面回饋，再將回饋寫成清單，時刻提點自己。消極性偏見告訴我們，本來做得不好的事會自然被我們放大，那麼我們不妨寫張清單把好東西也放大，對自己的評價取個平衡。這也是增強自信心的方法之一。

### 4. 選擇社交媒體以外的途徑接收訊息

接收消息方面，除了避免在負面訊息中周旋，也要尋找可靠消息來源。澳洲游泳國家隊代表Ariarne Titmus表示，為免外界對她施加壓力，她於比賽前刪除了手機所有社交媒體應用程式。「我覺得大部分人傳來的訊息都很好，稍微看一下也不錯，但有時看到攻擊性的內容真會令我有點不知所措。」

她認為訓練和比賽以外的時間不多，餘下的時間就用來與家人聯繫，或是看新聞，與時並進，社交媒體一律不碰。日程太忙碌時，她會請好友登入自己的Instagram帳戶幫她發文，順便協助她過濾訊息。

### 5. 預先規劃「對內」和「對外」的反應

面對社交媒體用家的負面或無賴行為，運動員預先規劃好對內和對外的回應，對情緒管理有很大幫助。

對內反應，是指你與你所信任的圈子的互動。萬一在社交媒體上遇到無賴行為，至少向一位信任的人傾訴事發經過，並與他們分享感受，讓他們不帶批判地傾聽和提供情感上的支持，同時讓你有機會整理自己的想法，並協助你一起處理負面評論。

對外回應，即自己就事件公開回應。如事態嚴重，需要先把評論截圖作為證據，再發文回應網上評論。此外，舉報貼文和封鎖用戶也有助保護自己，以避免與他人有進一步的負面互動。如你認為自己有足夠能力作基本回應，你可以參考兩種做法：一、花點時間了解對方寫下的觀點，並澄清任何錯誤陳述；二、積極參與討論，讓大眾了解你的看法和處事方式。做法因人而異，視乎個人選擇。

如負面評論令你難以承受或無法忍受，那暫時離開社交媒體也許是個不錯的選擇。荷蘭單車運動員Annemiek van Vleuten在2021年的一次公路單車賽中，誤以為自己勝出而做出勝利手勢，後來為避免網民揶揄及引起不必要的輿論，她選擇短暫離開社交媒體。後來她解釋道，將自己與社交媒體隔離是為了令自己為未來的比賽做好準備：「我在網上稍微休息了一會，就讓其他人隨心討論吧。」

運動員認為有需要的話，可以限制自己在社交媒體上花費的時間。限制通知和留言功能，甚至叫信任的朋友暫改登入密碼，減少不必要的網上互動，也是保護自己心理健康的好方法。

## 3.4 給家長的指引：了解孩子的社交能力

　　無論你的孩子是不是運動員，家長都會擔心孩子在網上過度分享，但又不知如何監管，有時真的無從入手。

　　美國精神科醫生Jodi Gold指出，網上分享可以區分成不同層次的，包括跟誰分享、分享甚麼、何時分享、在哪個平台分享內容等。你在Instagram分享的內容，會同樣在Snapchat上分享嗎？你在Facebook跟長輩分享的內容又有甚麼不同？你在即時訊息又會分享甚麼，字眼上會跟其他平台有甚麼不一樣的地方？就此，我建議家長跟孩子可以展開討論，針對他們在各大平台上會分享甚麼不同的內容。

　　此外，現代青年人比成年人在社交媒體上投入更多時間，所以父母認為的「過度分享」可能跟一位12歲或16歲青年人的看法截然不同，這需要雙方互相溝通和理解以達成共識。

　　Dr. Gold亦指出，在網絡上分享得最多的人，往往是網絡上得到最多負面回饋的人。社交媒體有其經驗法則，就像「富人更富」的道理一樣，社交能力較好、對自己信心較大的孩子，社交媒體能為他們的生活增添色彩；相反，社交能力較弱的孩子，會在網絡上尋求過度的認同感，所以受網絡欺凌的可能亦較大。

　　所以，家長必須了解孩子的個性和社交能力，從而對症下藥，向孩子灌輸保護自己的方法，令他們安全、安心地在網絡上展示自己。

## 3.5 給家長和教練的指引：避免用手機為獎罰

獎罰理論（又稱操作制約理論）是一套影響行為的方法，如套用在運動員身上，運動員會因應表現而得到獎罰上的回饋：孩子在比賽中拿第一名，媽媽會送新球拍給他，鼓勵他下次繼續努力，再創佳績；當成績下滑，媽媽決定拿走他心愛的遊戲機，以懲罰他表現欠佳，這套理論我曾於前作談及。

最近，我發現身邊的家長和教練都喜歡用「熒幕時間」（即滑手機時間）作為獎罰工具。身為家長的你，又有否試過採用同樣的方法？遇上孩子運動成績不佳、不願做功課（或還沒完成功課）時，家長就利用手機作出威脅，例如不聽話就減少滑手機的時間、沒收手機；當學術或運動表現出色，就會自然延長滑手機的時間。

有次，我跟某總教練討論外地青年集訓事宜，他表示集訓期間會沒收運動員的手機，設定每晚一小時作為自由使用手機時間。他說運動員在出發前數星期已經感到焦慮，他笑一笑道：「當然不習慣，就讓他們承受一下吧。」

我個人認為這個方法未必最有效。

不是說最佳的獎罰方法就是給予或拿走一個人最在乎的東西嗎？

使用這種強化手段前，請先考慮一點——到底手機（或社交媒體）是可取，還是不可取的？我們想孩子從獎罰方法中學到甚麼？如孩子成績突飛猛進，家長豈不是要主動增加孩子使用手機的時間？那加多少才算足夠？

我們用此作為獎罰用途，代表我們認同它的獎勵成分是可取的東西。然而，隨著資訊社會越來越發達，無論我們喜歡與否，手機和社交媒體已完完全全融入我們的生活，成為了生活的必需品，我們不能一刀切認為它跟垃圾食品一樣，越少就是越好。所以無論運動員在學校、家裡或場上的表現如何，適量地使用手機和社交媒體是可以接受的。

　　同樣，沒收手機作為懲罰也是沒用。沒錯，運動員在訓練期間可能沒有電話分散注意力，能夠短暫達至訓練效果。不過，當你把手機還給他們，他們有可能像斷食後一樣，飢餓感更加強烈，會「情緒化地進食」，這對他們亦沒有好處。再者，集訓的時間短暫，教練根本無法在日常的大多數時間中執行此方法，持續性不高的話，效用也不會高。

# 3.6 給球會和體育總會的指引：
# 預防和應對方法

既然獎罰方法治標不治本，那有甚麼方法可以預防孩子因過度使用手機而分心？以下四個建議供大家參考。

## 1. 達成「放下手機」時間的共識

適當使用手機的定義很廣，成年人跟孩子的定義也許會不一樣，這個定義就留待教練與運動員溝通後再達成共識吧。教練最擔心的，就是運動員的專注力會因手機的出現而下降。但在共同訂立使用手機的規條之前，教練要先了解運動員的日常需要，才能跟運動員共同設立「放下手機」的時間。

### 討論訓練前後手機的使用時間

如大部分訓練都在下課後進行，先計算運動員到達運動場，以及準備訓練的所需時間，如中間有約15分鐘給運動員熱身準備，那教練們就可以考慮共同訂立開始訓練前5分鐘放下手機，培養運動員沒有手機傍身下訓練的習慣。

如運動員出外集訓，以上規則同樣適用。此外，集訓就是模擬比賽的好機會，所以如果你跟運動員一致認為比賽前30分鐘需要把手機放下，你就需要在集訓時重複預演，再安排「沒有手機的黃金半小時」賽前準備，令運動員習慣在沒有手機引誘下慢慢進入比賽狀態。

**討論比賽前後手機的使用時間**

　　如運動員跟教練一致認為比賽結束後是情緒最激烈的時刻，那穩定情緒的時間，就是放下手機的時間。我有聽過運動員因為一時衝動，在社交媒體有感而發而「說錯話」，也有因為看完其他朋友網上開心的照片，令自己感覺更糟。比賽前的「封鎖」時間可以延至賽後，時間可以根據運動員一貫的賽後心情而定。例如訂立15分鐘為運動員比賽後的冷靜時間，調整好心情後才可重新使用手機。

> **2. 運動員能夠說出使用手機的目的，並能解釋對其表現的正面影響**

　　有些運動員會理直氣壯地說，我平日用手機只是聽歌紓緩心情，放下手機怎樣聽呢？

　　沒錯，現在的手機應用程式層出不窮，可以紓緩情緒、提升專注力，令運動員以最佳狀態比賽；有些則跟健身和體能鍛鍊等相關，例如計算跑速、距離、燃燒了多少卡路里等。基於以上情況，利用手機的應用程式協助運動表現無可厚非，所以教練應該先向運動員了解使用目的。如運動員希望聽著歌進入比賽狀態，你可以在訓練中給予他們機會這樣做，然後聆聽他們分享那種感覺和效果。當然，教練也要時刻跟運動員保持溝通，以及做定期檢討，若發現運動員因為手機的其他應用程式而分心，教練可以建議運動員轉用其他便攜式音樂裝置來聽歌，教練又可以藉此深入了解個別運動員的需要。

> **3. 對手機/社交媒體影響心理健康的特質和預兆有基本了解，認識社交媒體成癮特徵**

　　上文深入淺出討論了社交媒體對心理的影響，以下則略述一些成癮的

特徵供大家參考。然而，大家切勿自行作出評估和診斷，我也不鼓勵運動員或各位讀者對號入座，如有任何懷疑，應立刻尋求專業人士(如精神科醫生)協助。

在過去的一年裡，運動員是否出現了以下情況？

- 除了社交媒體外，無法集中於其他任何事情

- 因無法使用社交媒體而感到不滿或難過

- 試圖減少花費在社交媒體上的時間，但最終失敗

- 因使用社交媒體而經常忽略日常正常活動(例如運動、跟朋友出外)

- 經常在使用社交媒體一事上與他人發生爭執

- 為了有多些時間使用社交媒體而經常向父母或朋友說謊

- 經常使用社交媒體來逃避負面情緒

- 因為使用社交媒體而與父母及家人發生衝突


## 4. 邀請專家講解，並懂得尋求專業協助

教練必須將運動員的心理健康放首位，並付諸實行，這不單是針對手機和社交媒體成癮問題。球會和體育總會應在運動員手冊中加入求助熱線，以及定期邀請精神科醫生、心理學家講解使用手機如何影響心理健康，並邀請運動員和家長參加，提升大家對心理健康的認識之餘，亦要懂得運用技巧應對運動場內外所帶來的挑戰。

針對運動員與手機和社交媒體使用的科研還在起步階段，我僅希望透過工作經驗協助運動員訂下基本使用方針。與此同時，針對家長、教練、體育總會的教育上的干預和預防手法也是必需的，教練必須定期跟運動員

運動心理學 2 ——除了運動員，你還是誰？

回顧以上守則，增加手機使用規則的靈活性。

　　在這個資訊洪流，我們更需了解和接納科技帶來的利弊，促使我們好好學習，共同努力去攜手創造一種健康的手機文化，協助運動員與手機及社交媒體保持適當距離，同時不影響他們利用各種媒體平台繼續發光發亮。

## Take Home Messages

1. 運動員可以利用社交媒體分享比賽片段、訓練情況，甚至藉此提升曝光率，以便尋覓贊助、增加收入。不過，社交媒體也有可能會影響到運動員的訓練質素和專注力，或是過度顧及個人形象而令運動員的身份變得模糊起來。

2. 運動員可以善用社交媒體來發布和接受各項資訊。如有需要，把公開和私人帳戶分開。

3. 家長需要了解孩子的社交能力，向孩子灌輸保護自己的方法，令他們更安心地在網絡上展示自己。

4. 避免用手機作為獎罰工具。

5. 教練、球會和體育總會需要建立使用手機的指引，並跟運動員達成基本共識，例如甚麼時候可以用、時間長短等。

運動心理學 **2** ──除了運動員，你還是誰？

練習1

　　假設你是一位青年網球員，一直跟同班同學兼隊友關係要好。近日，朋友開始為申請大學的事而苦惱，他準備在自己原有的個人社交媒體帳戶新增一些訓練及比賽表現，希望增加他入讀心儀大學的機會。你會從中給他甚麼建議？

- 

- 

練習2

　　假設你是一名青訓足球教練，球員訓練前後人人機不離手，你從來也不太理會，但近日你發現數位球員專注力不足，開始影響訓練質素。與總教練商討後，你們認為要及早介入，以免影響訓練進度和比賽表現。你打算跟運動員討論運用手機的問題，你會從何入手？

　　試填寫以下表單。

| 層面 | 介入方針 |
| --- | --- |
| 運動員 | |
| 其他教練 | |
| 球會 | |

**參考答案：**

◎練習1：

　　見本章「學習善用社交媒體（發布資訊方面）」（例如考慮發布的方向和內容、跟他解釋分開帳戶的用意和背後原理等）。

◎練習2：

　　見本章「給球會和體育總會的指引：預防和應對方法」。

運動心理學 **2** ——除了運動員，你還是誰？

# 第4章

## 除了運動員，
## 你還是誰？

前陣子看電影《年少日記》，哭慘了。

哭的原因，除了小朋友演技出眾，故事大綱也是原因之一，跟我的客群的經歷有很多重疊的地方。

現代香港人的追求離不開成績，學業成績、運動成績、音樂成績⋯⋯成績逐漸變成一個人的唯一定義。

每當運動員搏命追成績，像做推銷一樣「跑數」，希望跑出個未來似的，我都會問一句：「追到了，會怎樣？」

我遇上的運動員，每數個月就有幾個特別迷失的。

你可能覺得，運動員迷失的例子應該比一般人少吧？畢竟他們目標清晰，不是向前衝金，就是爭取各式各樣的資格排名，起碼他們有人生目標，又有正向人生觀。

這是一個非常錯誤的假設。

成績不好、退役後何去何從、轉球會後表現反覆、換新教練後難以適應、受傷後表現大不如前⋯⋯每位運動員需要顧慮的東西多不勝數；學生或兼職運動員亦經常站在十字路口猶豫不決，究竟要專注運動，還是專注學業？要退役，還是繼續留低？很多運動員處於混沌狀態已有好一陣子，只是一直說不出口。

別人說運動員要堅強嘛，那就該閉嘴。

回想起數年前我認識了一位17歲的游泳選手，當時他剛獲外國大學取錄，可惜運動成績正處於瓶頸狀態，令他對前景感到迷失。傾談中，我得知他原來取得了大學獎學金，於新學年需要為大學效力。一邊廂，他6歲開始習泳，最近感到厭倦，知道自己需要繼續搏鬥4年而苦惱不已；另一邊廂，獎學金有望減輕家人負擔，父母對此固然感到欣喜若狂。而且，他認為就此停止運動意味著浪費了十幾年來的努力，這個決定會影響一生，不是「想停就停」。

　　看了前文，就應該知道我們運動心理學家的角色不會隨便給建議。難道要我直接跟運動員説「選擇退役好了，進了大學半工讀幫補家計比較適合」？這壓根兒不可能。當運動員處於困境，我就必定要跟他一起綜觀全局──了解他對運動的看法和態度、他人生的重心，探討家庭狀況和對現狀的想法等。

　　「（運動項目）對你來説，有多重要？」我一般都會問運動員。

　　然後，運動員都會跟我説：「當然很重要呀，不重要我不會繼續訓練，現在退役豈不浪費多年的努力？運動是我的全部，但我感受不到自己的價值。所以，我不知應否繼續下去。」

　　對我來説，「運動是我人生的全部」是一個「紅旗跡象」，這跟一個人有多看重自己身為運動員的角色有關，亦即是説他對自己運動員身份的認同。我並不是一概而論，認為所有運動員都因為身份認同問題而迷失，因為每一個個案都是獨特的。但撇去這個偏誤，我先談談身份認同跟運動員的關係。

# 4.1 運動員的身份認同

「到底我是誰？」這好像是一個我們永遠在追問的問題。

這，就是身份認同的誕生。

身份認同這回事，無論在佛家思想還是在希臘哲學、政治學都是重要議題，在心理學理論上也佔據重要位置。

如大家有聽過心理學家Maslow於1943年發表的〈人類動機理論〉，你應該會對人類需求層次理論（hierarchy of needs theory）的五個層次有所認識，當中提到人類最高級別的需求為「自我實現需求」。人類滿足了自己最基本的生理、安全和社交等需要後，就會追尋較高的人生境界，包括建構價值觀及提升對社會的貢獻，從而建立自己獨一無二的身份。

例如，一位企業家發揮他樂於助人的本領，透過籌款為弱勢社群發聲，漸漸建立「企業家」和「社福界領袖」兩種獨有的身份。

我們的身份，會從何時開始建構？

另一心理學家Erik Erikson提出，人類由出生到死亡的八個階段裡，在第五個階段（12至18歲）就是青年人建構個人身份的時候。青年人通過建立人際關係、信仰和價值觀，以及在不同環境累積經驗，從而建立一個穩定的身份，同時會與身份相似的人建立較長遠的關係，塑造一種獨有的自我形象。

根據Erikson的解說，早前例子中的企業家可能就是由青少年開始，慢慢建立自己對社會的責任，長大後就變成企業家了。

## 我跟他人的相似度：社會身份認同

要回答「我是誰？」這個問題，也要思考「我到底屬於哪類人？」。這個問題是為了了解「社會認為我是誰」。

社會身份認同是自我概念，即是對特定群體或社會類別的認同。

代表國家隊參賽的足球員之所以將自己的身份定義為「國家隊成員之一」，就是因為這是他們的社會身份認同。

1970年代，社會心理學家Henri Tajfel及John Turner認為人類透過與不同群體的交流，注意和採納群體的價值觀、信念和行為，從而重塑自己身份上的認知。

人類之所以需要社會身份認同，有兩個好處：一、群體能提供一種歸屬感和社會聯繫，讓個體建立共同的身份，提供了一個框架去理解自己和他人；二、群體能提供優勢或好處，繼而讓個體更重視身份。

當足球員一旦接受國家隊的邀請代表國家參賽，除非有其他不利的變數出現，否則他會希望能一直保持國家隊身份，並獲得國家隊和人民的認可和包容。

每個人都有他獨有的數個身份，可以是學生、子女、兄弟姊妹、運動員、香港人、信徒等。部分身份（如子女、兄弟姊妹）是先天的；而其他身份（如運動員）則是通過探索身邊的事物、環境與嗜好，作出抉擇而形成的。所以，身份是一個流動的理念，會隨著年紀、經歷等因素改變，亦會在獲得技能、建立信心和進行社交互動等過程中而形成和轉變。身份取決於自身在當時社會環境中的位置。

## 我是運動員

數年前，本地電視台製作了一輯名為《我係香港運動員》的電視節目。

長期參與運動和比賽的人，很自然會被外界標籤成「運動員」，從而建構一個運動員身份（athletic identity）。

運動員身份，被運動心理學家廣義理解為「個人認同運動員角色的程度」，是認同自己運動員角色的獨特性，或相對於生活中其他參與過的活動，自己有多注重於運動方面的程度。

學者Britton Brewer是研究運動員身份的始祖，90年代初，他發現運動員的身份不單來自個人的身份認同和自我價值，同時取決於大眾對「運動員」角色的期望（這就是運動員的「社會認為我是誰」），以及運動環境給予運動員的反饋，包括隊友、教練、家長或觀眾的回饋等。

當然，我們知道運動員身份只會維持若干年份。

身份本來就是流動的，一旦運動員的生涯有所變化，身份也會隨之而變，特別是運動員的身份可以再細分成隊長、U16球員、後備等。比方說，當運動員考慮轉會、加入港隊或選擇退役之時，取決於參與程度、在隊伍擔當的角色、與隊友的互動等因素，運動員身份便會改變。

宏觀來說，運動員身份可以用廣泛的光譜表達，從成為某人生活中的一小部分，到成為生活的重要組成部分。

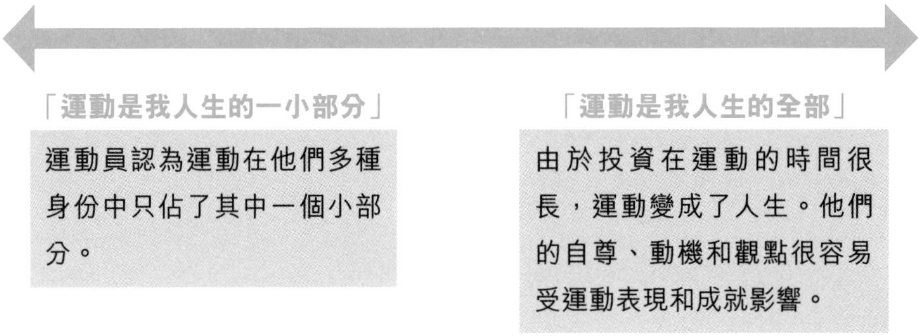

「運動是我人生的一小部分」

運動員認為運動在他們多種身份中只佔了其中一個小部分。

「運動是我人生的全部」

由於投資在運動的時間很長，運動變成了人生。他們的自尊、動機和觀點很容易受運動表現和成就影響。

圖4.1 運動員身份的光譜圖

運動心理學 2 ——除了運動員，你還是誰？

## 運動員身份，既是一個肯定，又是一個包袱

其實運動員為何接受「運動員」這個身份？

把個人身份與運動掛鈎的其中一個原因，是希望透過別人認同他們的運動員身份，從而對他們的運動表現給予肯定。若我們自稱「網球手」、「劍擊運動員」、「騎師」等，其實是根據自己現有的技能和運動水平所帶來的信心而塑造出來的一個角色，這也是運動員為自己感到驕傲的源泉。

我曾替一位二十多歲的體操運動員做諮詢，他從3歲起於體操比賽中獲獎無數，很早已經被父母標籤為「體操運動員」。他從運動中得到很多其他收穫，可惜言談間感受到他的徬徨。退役後的他感到迷失和沮喪，因為他發現自己的生活只圍繞著體操，沒有時間和空間發掘其他興趣，更不用說有心儀的替代職業，也對於自己建立其他身份的信心不高，認為自己「已經太遲」。後來發現，自他加入校隊和港隊，體操就變成他唯一著緊的事，運動成績的好與不好主宰他對自己的看法，因此退役後便無法找到自己的價值。

# 「學生運動員」其實代表甚麼？

4.2

1950年美國國家大學體育協會（National Collegiate Athletic Association, NCAA）把所有參與運動比賽的學生歸類為「學生運動員」（student-athlete），但這個稱號的背後原來隱藏著一宗悲慘、轟動全國的法案。

當時在路易斯堡學院就讀的大學生Ray Dennison在校際美式足球比賽期間，跟對手碰撞導致頭骨碎裂，不幸死亡。Ray Dennison的遺孀認為大學需負全責，並申請死亡撫恤金，希望還丈夫一個公道。可是，該索賠申請最終被法院拒絕。法院表示，由於Dennison的身份是「學生運動員」，而不是大學員工，亦沒有任何證據顯示Dennison在足球上的合約義務，因此裁定僱員關係並不存在。

「學生運動員」這稱號的存在，被質疑剝削大學生運動員應有的保障。

往後數十年，對「學生運動員」的起源並不知情的人，只認為這稱呼恰到好處，因而廣泛使用。

NCAA當年創造及採納了「學生運動員」一詞，不單代表非全職的運動員，當中還隱含以下意思：

1. 法律上容許大學學府不視大學生運動員為員工；

2. 藉此向勞工補償委員會和公眾表明大學運動員並不是職業運動員；

3. 說明學生運動員的身份先是學生，其次才是運動員。

近年，「學生運動員」的稱號被重新審視。2020年7月，弗吉尼亞州的

博士候選人Molly Harry在高等教育雜誌*Diverse*上呼籲廢除這個術語。杜蘭大學法律教授Feldman表示，「大學運動員」（collegiate athlete）的稱號更為中立，但「學生運動員」仍能恰當地描述參加奧運會項目及聯校比賽的大學生運動員。他亦提到，除非轉換稱號的目標是為大學運動員提供更大的權利及保護，否則只是徒勞無功。

## 那「運動員學生」會否比「學生運動員」更合適？

　　NCAA指出學生運動員的身份先是學生，之後才是運動員。究竟本地現實情況是否如此？

　　在香港，學生運動員這個身份至今仍未有官方認證，只是一個跟隨外國運動界別的稱呼，不過本地中學生開始參與競技項目時，偶爾也會自稱為學生運動員。

　　根據香港體育學院（簡稱體院）發布的《精英訓練資助評核準則2024-2025》，中學生運動員有兩種類別：

● **類別一**

1. 運動員為在學中學生；

2. 運動員必須取得其學校書面文件確認支持其訓練及比賽安排；

3. 在教練安排下每週訓練時間不少於5天及25個小時。

● **類別二**

1. 運動員為在學中學生；

2. 在教練安排下每週訓練時間不少於4天及15個小時。

當然，不是每位中學生運動員都在體院受訓的，但這裡想帶出的是，一般自稱為學生運動員的人就算訓練時數追不上體院運動員，但運動始終佔據了他們日常的一大部分，因此都會把運動放在較優先位置，學生身份才是其次。

## 「學生運動員」中的「學生」身份經常被忽略和瞧不起

假如你曾去過美國參觀不同大學，不難發現當地體育氛圍濃厚，大學生視體育如一日三餐，就算不是運動員的大學生，開學期間的週末活動也是在大學聯賽支持校隊。再說校隊運動員，他們一整天都黏在一起訓練，訓練後便上課，上課後再訓練，對校隊的歸屬感自然強烈。

不過，強烈的大學體育文化，對學生運動員的身份不一定有好處。

對大學學府來說，他們投放大量資源支持校內的運動隊伍，希望運動員為比賽努力練習和爭取佳績，以保持他們的領導地位和名聲。這除了強化學生運動員對學校的歸屬感，同時亦強化了運動員身份。不過，運動員在學業方面的入學門檻比一般學生低，不難看出大學對學生運動員的學業期望相對較低。這個做法，正正忽略了學生運動員這個稱呼中的「學生」二字。

對大學運動教練來說，他們側重比賽成績是事實，而他們越是強調運動員的身份，就會進一步降低學生運動員中的「學生」身份。

對部分非運動員學生來說，他們對學生運動員抱有不同的負面印象，又即刻板印象（stereotype）。例如，他們普遍認為學生運動員「成績不佳」、「不會唸書」、「笨拙」、「沒其他興趣」等，而且在學術方面參與度不高，甚至力有不逮。我認識的學生當中，他們提到學生運動員的第一反應均是：「運動員嗎？他們不上課的，做小組專題報告根本就是free-rider（即不上課而靠著組員拿到高分的人）！」別人一旦發現你是學生運動員，會立刻降低

運動心理學 **2** ——除了運動員，你還是誰？

對你在學術水平方面的期望。

心理學有一個稱為「促發效應」或「啟動反應」（priming）的概念，即是當一個人受到某種刺激，會影響另一個刺激的反應。舉例說，我先說出「爸爸」一詞，再說出「媽媽」，由於「爸爸」和「媽媽」兩組詞的關聯性較強，你的大腦處理它們的速度會比我先說「學校」再說「媽媽」來得快。2012年，Stone、Harrison及Mottley三位學者進行了有關非洲裔及美籍白人大學生運動員的研究，並運用了「促發效應」來測試刻板印象的威脅（stereotype threat）。研究中，兩個族裔的學生運動員需要完成一份語文推理，為操控刻板印象的威脅，學生們需要在試卷上註明自己的身份：(a)獎學金運動員、(b)運動員或(c)研究參與者，然後再完成另外兩份推理考卷（難度有分高低）。

分析數據前，學者先將研究參與者分為學術參與度高或低(high or low academic engagement)兩個類別。社會對非裔學生運動員有著學業成績較差的刻板印象，當他們期望得到優秀的學業成績，在試卷上卻填寫了自己運動員的身份（促發效應），非裔學生就會最為受到影響，故試卷表現也較差。

相反，白人學生運動員則沒有受到類似的刻板印象所影響，就算註明自己的運動員身份，也不會被促發。這能夠測試刻板印象帶來的威脅。

數據反映出：

1. 在學術參與度高的學生運動員中，當只有(c)研究參與者的身份被促發（primed），不論在較難或較易的試卷中，非裔及美籍白人大學生運動員有著相似的表現。

2. 當(b)運動員的身份被促發，只有在較難的試卷中，非洲裔大學生運動員的表現較差。

3. 當(a)獎學金運動員的身份被促發，不論在較難或較易的試卷中，非洲

裔大學生運動員的表現都較差。

以上數據與刻板印象威脅的理論和研究吻合。理論上來説，當被污名化(stigmatized)的個體高度投入某一領域時，再指出任何關於他們的群體身份、個人表現目標和消極群體刻板印象之間不平衡的資訊，都會消耗他們的認知和情感資源(cognitive and emotional resource)，令他們精神緊張，從而阻礙他們發揮真正潛力。

正如理論所述，以上研究結果指出，在運動員被普遍認為學業成績較差的情況下，如他們對學業成績有所追求，便與他們在社會上背負的群體刻板印象存在不平衡。這些長期被污名化的運動員一旦接收到以上資訊，都會消耗他們的認知和情感資源，加重他們的精神壓力，從而阻礙他們發揮真正潛力追求學業。

就本港大專院校而言，他們的入學要求及評測系統都會優先考慮學生的運動能力，而不是學業成績，這讓天賦出眾的學生運動員能較輕易地完成高中考試，甚至是靠運動排名和教練的推薦入讀理想科目。本地的這個做法讓更多有天賦的學生運動員有資格參加更高級別的大專比賽，包括世界大學生比賽。此外，他們能夠彈性安排上課時間和學分，大部分時間想去比賽就去比賽。大學會降低對學生運動員在學業成績方面的期望和要求，令他們專注於運動表現，而他們是否重視學術方面的發展就有點爭議了。

學生身份好像對學生運動員相對沒有那麼重要，而學校的制度和身邊的人對運動員的看法，再一次證實運動員身份比學生身份更被看重。難怪坊間有運動界別的人表示，「運動員學生」(athlete-student)可能是一個對非職業運動員更貼切和準確的名詞。

### 雙重身份的挑戰

你認識的學生運動員是否受到大眾的高度評價？他們以卓越的運動

成績取得獎學金，堅毅不屈，高度自律，有著異於常人的運動能力，他們在校園內一般都廣受同學歡迎，因此，他們經常被視為較有優勢的人。只是，如果你跟學生運動員進行深入聊天，不是每一位也對自己有這麼高的評價。

### 處理兩個身份所引起的衝突，容易感到倦怠

兼顧兩種「主打」身份並不容易，若沒有妥善管理時間，就會出現「兩頭唔到岸」的挑戰。學業和運動均需要付出大量時間，我接觸過的學生運動員經常出現過勞問題。礙於訓練和比賽關係，運動員無法與同學於課堂以外好好相處，過正常的社交生活。此外，他們亦需要在生活上處理多種人際關係，包括與教練、父母、老師、同學、隊友和朋友的關係等，如何在雙重身份中表現得恰如其分也是一大學問。

### 自我實現預言，會加深刻板印象

心理學有一個現象稱為「自我實現預言」（self-fulfilling prophecy），指的是當我們強烈相信某事情會發生，即使沒有任何客觀事實根據，我們也會潛意識、不自覺地尋找不同線索去確認預言。

比方說，非學生運動員對學生運動員可能有著學業成績不好的刻板印象。無論這種刻板印象是真是假，學生運動員會因為自我實現預言，嘗試找出相符的證據，對提升學業成績沒有把握；又或，當同學們認為自己只是因為優越的運動成績才被大學取錄，會傾向尋找更多方法確認預言。這會增加個人焦慮和認知負荷，甚至令他們無意識地表現出符合社會刻板印象的傾向，因此偶爾也會聽到他們說：「我是運動員，當然成績不會好。」

## 4.3　身份認同越強越好？

認識一位騎師很喜歡籃球，有次晨操後跟他熱烈討論NBA，說到狼王 Kevin Garnett因其籃球員身份強烈，在退役後出現了身份危機。騎師聽到後反應超大：「身份太強烈原來會有反效果？」他立刻跟我反駁，「我是騎師啊，如果我不是每天想著自己的工作，那我不應當騎師。」

當時我並未有跟他說，Campbell Rawiller私下喜愛訓練格力犬，Ben Allen是唱片騎師，Remi Tremsal是位出色的甜品師，這三位騎師都有各自的身份。

不過，我要先說說身份認同強烈的好處。

### 「自己人」的感覺更實在

運動員身份認同強烈，有助社交和身心方面的發展。

當運動員對自己從事的運動有高度身份認同，他的自信心和自律性都會因而提高，相對會有比較正面的社交互動。在專項運動上有較高的自信心，就會更被接納，更容易融入運動圈子或社群中。這跟社會心理學的「內團體」（in-group）有點相似──強烈的身份認同會形成「自己人」的出現，團隊內彼此的關係會更和諧，運動員和這個運動社群的關係也會變得更好。運動本來就是一個大舞台，給予運動員去扮演「運動員」這個角色；成為運動員後，在平台上跟其他同樣角色互動的機會更多，令「自己人」的感覺更實在。

運動心理學 **2** ──除了運動員，你還是誰？

## 投入度較高

運動員對自己的身份認同較高，會更投入參與其項目。重視自己作為運動員身份的人，除了投放更多時間和努力去參與訓練外，亦會更投入進行與運動相關的活動，如體育會的聯誼活動等。

當然，相比之下，沒有那麼重視自己運動員身份的人動力相對較低，投入度自然較低，亦較難融入運動圈子裡。

## 容易達至更高表現

就表現而言，一個運動員需要有一定程度的身份認同，才會對自己的表現產生正面及積極的影響。試想想，運動員對自己身份認同較高，他就會傾向將運動與生活區分起來，盡量不讓其他事情影響或干擾運動，這樣才可以更專注於運動訓練，繼而提升表現。與此同時，他也從中強化個人的運動員身份認同。另一方面，由於這些運動員對自己有較高的自信心，較相信自己在運動和比賽中的能力，這會較容易令他們達到更好的表現。

# 4.4 身份認同強烈帶來的挑戰

近日有位滑冰運動員告訴我，她最近很想在表現上有些突破，所以把其他休閒活動都暫停了，除了兼職當教練賺取生活費外，其餘時間都放在運動上，可是感覺仍然停滯不前，令她無法喘息。她很想尋找其他興趣分散注意力，但又害怕被別人認為她對滑冰的態度不夠認真。

## 運動創傷下失去自我價值

運動員的自我形象主要集中在運動帶來的光環，而運動員受創傷困擾是必經之路。研究發現，運動員身份強烈的人會更易受創傷困擾，因為他們持續參與運動的動力受挫。此外，運動員透過勝出比賽來建立強烈的身份認同，同時亦驅使他們形成一種「需要別人認同」的觀念——只有勝利才會得到別人的尊重、接受和包容。

所以，當運動員受傷停賽，又或表現不理想、無法為自己球隊帶來成績和獎牌的時候，首當其衝擔心的，就是別人對他的眼光會有所改變，他們甚至會比身份認同沒那麼強烈的運動員更恐慌。這也不難理解，畢竟他們參與運動可以維持或改善自我形象，而自我形象在某些情況下會跟自我價值掛鉤。

特別是嚴重受傷的運動員可能長時間不能重投運動，無力感會比擁有多元身份的人高。

## 服用禁藥的可能性較高

擁有強烈身份認同的運動員相對較自律，可能會為保持身份認同而時刻保持最佳體態，甚至會過度訓練，務求保持個人成績和形象，有望得到更多人的認同和愛戴。除了著緊個人成績外，這樣的心態可能會延伸至生活中各個層面，例如嚴格管制每一餐飲食和作息時間、減少社交等。想法極端的，甚至會不擇手段去達成目標。美國職業公路單車賽車手Lance Armstrong被發現服用禁藥後於訪問表示：「我的目標是多次贏得環法單車賽，除了被高昂的獎金吸引外，我很想保持一直於環法比賽勝利的光環。這是大家認識我的原因。」這也證實，走向極端的運動員可能會為保持身份和競爭優勢而使用禁藥，呼應了第一章〈深入認識運動心理學〉提及有關服用禁藥來提升表現的研究。

## 「運動以外，我甚麼都不是」

2020年疫情期間HBO推出了一套名為《金牌的重量》(*The Weight of Gold*)的紀錄片，我看完覺得非常震撼，它細膩地描述了不同的世界頂尖運動員完成大賽後的壓力。游泳天才菲比斯也有參與拍攝，他於紀錄片中透露，不知奧運完結、退役後的自己究竟會變成一個怎樣的人——「除了游泳，我還有甚麼能力呢？」

紀錄片除了訪問菲比斯，還訪問了多位世界頂尖運動員，包括花式滑冰運動員Sasha Cohen和Gracie Gold，以及滑雪運動員Bode Miller，他們均發現自己在大型賽事結束後產生抑鬱的情緒，覺得自己一無是處。當運動員不得不退役或需要離開運動專項，自我身份認同強烈的運動員需要重新尋找和學習自己的角色和定位，以及建立運動以外的能力，這個過程對於他們來說特別艱難。這一般會在奧運後發生，所以運動員都會經歷所謂的「黑暗時期」，學者把這種持續低落的時期形容為「奧運後症候群」(post-Olympic blues)。

## 有害男子氣概（toxic masculinity）

「男兒有淚不輕彈，只因未到傷心處」就是傳統社會性別框架的最佳描述——落淚是懦弱的表現，男性似乎不僅被剝奪流淚的權利，彷彿連傷心的資格也沒有。

性別定型對男性的影響深遠。

受傳統社會對男性的要求和性別規範的影響，他們不願亦不敢向人表達情緒困擾，長遠來說有可能導致憂鬱和焦慮等心理健康問題。

專門研究男性運動員身份認同的研究者發現，男性運動員會傾向希望自己擁有一些典型社會認為男性運動員需要擁有的特質，包括積極追求勝利、身體健壯、有成就、不能顯露自己的情緒等被稱之為「有害的男子氣概特質」。

不難想像，男性運動員面對著何等艱辛，任何露出脆弱一面的行為，都會被視為損害形象的表現。

有害的男子氣概也會導致運動員接受刻板的性別角色定型，從而限制和阻礙運動員在運動之外的個人成長。它還會強化男性表現出強硬、暴力和攻擊性的期望，助長賽場上的暴力和攻擊文化。


## 較易形成吸煙、酗酒等不良嗜好

就個人經驗來說，本地運動員雖然酗酒問題不算嚴重，但強烈身份認同有可能是導致運動員酗酒的重要因素之一。

壓力固然是運動員吸煙、酗酒或吸毒的原因，但這些不良習慣亦有可能是由身份認同強烈所引致。運動員經歷表現上的起起伏伏和長期面對外界的批評，會令身份認同產生直接影響，繼而養成不良嗜好。又或，因為

運動心理學 **2** ——除了運動員，你還是誰？

看重運動員身份的關係，他們去服食禁藥、用盡一切辦法去保護身份和各方對自己的認同。外國大學酗酒問題相對嚴重，專門研究大學運動員的美國文獻發現，擁有強烈身份認同的運動員與一般大學生相比，會更容易強化酗酒等不良行為。

# 4.5 「阿基里斯腱」的效應：退下來，豁出去？

不知道大家有否聽過運動員會經歷兩次死亡的説法？

第一次是在他們的運動生涯結束時，而第二次當然是生命結束之時。前者即是退役之時，會有較明顯的身份轉換。

三位專門研究運動員退役的學者Ronkainen、Ryba及Allen-Collinson甚至將運動員身份描述為「阿基里斯腱」（Achilles heel，現引申為致命弱點），當運動員要面對如退役般會改變人生的重大事件，必定會對他們的身份認同構成極大挑戰。

運動員每天的生活離不開運動，他的個人身份、自我價值，以及對自己的看法一直與運動緊密相連，一旦跟運動分離，很容易會帶來否認、絕望等情緒。尤其是爭勝心強烈的運動員，身份和目標因退役而產生變化，要放下塑造他們身份的運動生涯是一個很大的挑戰。

更不用説頂尖運動員了，他們可能從小就擁有運動員的身份，並在運動中經歷了一些最有意義的人生經歷。運動是他們所熟悉的一切，退役等於「歸零」，意味著人生要進行重組。儘管某些運動員可能已對長年的訓練和比賽心生厭倦，歸零可能是一種解脱，但對某部分運動員來説，要離開長期不變的生活模式，面對著各樣不確定性和未知性，難免令人感到失落及迷惘。

### 自願告別：有計劃地退役

運動員生涯短暫，不能一生停留在運動員時代，隨著年紀增長、時代

運動心理學 **2** ——除了運動員，你還是誰？

變遷、新舊交替，運動員終有一天需要打告別戰，計劃退役後的未來。不少運動員視大賽為終結，選擇在奧運或亞運後退役，或者在世界賽後重返校園等。羽毛球一哥林丹原想為爭取2020年東京奧運資格而拼搏，但疫情令奧運延期一年，基於體力原因他當年選擇提早掛拍。

部分運動員會選擇在巔峰時期退役，2022年澳網冠軍Ash Barty就是一個好例子。她在25歲之齡，拿到15個職業單打冠軍，當中包括3個大滿貫賽事冠軍，並連續114週保持女子網球世界排名第一。

當大家對她於高峰下退役感到費解，她表示：「其實對我來説（在此時退役）很合邏輯。每個人都有不同的夢想，以及對成功有不同的定義。我的排名，以及在球場上得到的成功感，並沒有影響我的決定。我終於有幸實現我的童年夢想，現在是時候去探索其他可能性，而不是因為成績好而繼續，或『為打而打』。我不想錯過實現其他夢想的時機，我很喜歡寫作，亦希望與丈夫建立家庭，我認為是時候專注在其他方面上。」

退役的決定，不一定只限於高水平運動員。我認識一位年僅14歲的港青成員，因不認同教練的訓練方法，漸漸對運動失去興趣。由於他的運動項目較冷門，在無法換教練的情況下，退出青訓隊就是唯一選擇。父母非常支持他的決定，但又害怕他日後會後悔。在這個年紀改變生活重心是否一件好事？父母希望孩子可以先好好規劃以後的生活才下退出的決定，例如孩子已投入新的運動項目、決定專注讀書、增加與朋友的社交時間等。即使是年紀輕輕便離開運動，也算是「退役」，同樣需要周詳的考慮，有計劃地離開。

## 非自願告別：無計劃地退役

運動員在團隊裡的去留大多數是被動的，會因為未能通過教練和領隊的篩選或不獲續約等情況而需要離開。我認識的運動員中，一般都是突然接到通知，無法逆轉結果。面對著（半）意料之外的情況，運動員的情緒受

到困擾，卻又要保持頭腦清醒，匆匆忙忙為下一步做決定。

　　既然知道退役是無法控制的，運動員就要考慮兩大轉變：生理和心理上的轉變。生理影響，例如突然減少訓練負荷對身體上的影響；而心理影響，可以是少了生活上的重心、要進行其他活動填補空餘時間、社交圈子有變化等。下文主要就心理轉變進行討論。

### 受傷與倦怠

　　運動員因受傷而被迫退役的個案屢見不鮮，研究指出，每年約14%至32%的運動員因而退役。當然，受傷可以是暫時性的，也可以是永久的，運動員需要依照醫生及物理治療師診斷後的結果再作出判斷。1998年Wiese-Bjornstal等學者研發的傷患復康心理反應綜合模型（integrated model of psychological response to injury and rehabilitation），專門研究運動員因受傷而退出運動的決定。模型指出運動員的個性、壓力源的歷史、應對創傷的資源，以及受傷後運動員的反應和康復過程等，都是影響運動員看待創傷和運動員身份的重要因素。

運動心理學 2 ——除了運動員，你還是誰？

# 4.6　退役後的身份重整及轉型

## 退出運動的心理挑戰

### 身份危機

運動員離開運動後就如「過冷河」，會開始以不同的方式看待自己，擔心在運動以外的領域失去優勢。有一位運動員自小熱愛田徑，滿腦子都是田徑，一直忽略生活的其他領域。他天賦高，很早就成為精英運動員，佳績不斷，在體制的允許下成為了全職運動員。然而，他後來因為受傷及倦怠等情況，連續失去好幾個參賽資格，陷入身份危機後無奈退役，他從此無法在其他領域中找到任何肯定。

### 自尊心下降

經過多年的高強度訓練，運動員在退役後難以保持選手生涯時的體重和身形，從而引發對自我形象的憂慮，甚至因此失去自尊。此外，運動員退役後大多會失去贊助和公眾認可，當眾人焦點不再在自己身上，他們就要適應卸下運動員光環後的生活。

### 不安感加重

運動員投放大量時間去訓練和到世界各地比賽，欠缺正常社交機會和工作經驗，亦沒有多少時間接觸和發掘其他興趣，退役後失去生活的重心，容易產生不安感。

### 無力感加重

對大部分運動員來説，參與奧運、世界賽等重大賽事是職業生涯中的里程碑，因此，在完成目標後，他們往往會覺得未來的人生充滿不確定

性。上述提及的不安感，會令運動員對前景充滿無力感，有可能失去日常動力。

## 重整身份大行動

　　既然身份如此重要，這是否意味著，運動員不應該那麼專注於運動？當然不是，但運動從來不該成為人生的全部。研究證明，擁有強烈運動員身份認同的人會因為只顧著實現和履行自己的運動員身份封閉（athletic identity foreclosure，即強烈地定義自己為一名運動員的現象），而忽視了生活的其他方面，在情緒管理方面會比擁有多元身份的人有著較高風險。為此，其實運動員需要做一些風險管理，在退出運動前預先準備退役的來臨。

## 積極建立運動員以外的身份

　　運動員需要學習於運動中高度專注，但亦要學懂在運動場外放低運動。離開運動場，就是了解自己運動以外的身份的最好時機。然後，又是回到「我是誰？」和「我屬於哪類人？」的問題。自己除了運動外，對甚麼最感興趣、未來又會想追求些甚麼？你可能會問，探索其他身份會分散自己對運動的專注嗎？我認為正好相反。運動員需要訓練出收放自如的專注度，令自己更能拿捏和掌握「現在式」的專注力（present-moment focus），這才是長期保持動力的竅門，人生亦然。

　　那麼，運動員該如何在關注當下的同時探索未來呢？其實運動員可以同時擁有第二，甚至第三個身份，只集中一個身份並不是最健康的做法。不過，我們可以建立甚麼不同的身份呢？這取決於運動員不投入訓練時，能否好好地利用那些時間去發掘自己的其他興趣。以美國前奧運游泳金牌得主Natalie Coughlin為例，她雖然當了全職游泳運動員超過10年，但她一

158

直熱愛烹飪，並有種植習慣，她甚至在家中後院建了一個小農場。她曾在電視節目中表示烹飪有助她放鬆，可以讓她暫時忘記游泳，而且進食自己種植的蔬菜和水果也能夠令她的身體更健康。這就是她當全職運動員時建構的另一個身份。

有留意高爾夫球消息的朋友，一定知道史丹佛大學女子隊是美國國家大學體育協會數一數二的球隊。而高爾夫球平台No Laying Up於2022年特別拍了一個特輯，近距離接觸這支被譽為全美最佳的女子高爾夫球隊。令我印象最深刻的，不是業餘女子高爾夫球史上獲得最多榮譽的美籍華人球員Rose Zhang，反而是另一球隊成員Rachel Heck。她於高中的時候受背部傷患困擾，需要暫停所有高球訓練，她當時感到非常失意，決定用空餘時間尋找另一嗜好，膽粗粗參加了空軍學員計劃。即使入讀史丹佛大學後，她仍參與其中，史丹佛大學的教練亦發現這樣對她的身心健康很有幫助。教練亦表示，除了看到Rachel的雙重身份在球隊裡產生正面影響外，Rachel畢業後選擇繼續打高爾夫球或做空軍也好，她已經用了足夠時間探索自己的其他興趣，並作出相應選擇。

現今世代從事多重工作的斜槓族就是運用多元身份的方式生活，有助提升生涯適應力，其實很值得我們參考。

## 建立一個健康的運動員身份和支援網絡

如運動員表現不好而覺得自己「無用」，這已是將表現和價值混為一談了。

運動員需要體會自我價值的真正含義，學會將運動表現和自我價值分開。自我價值跟自己現有的知名度和運動排名沒有任何關連，其核心是認識自己、對自己無條件尊重和接納的一種自我評估。自我價值，是從每天完成一些有意義的事情而建立的，不會因運動表現的好壞而有所影響。長遠來說，強調自我價值的重要性對運動員建立自信有很大幫助。

運動員經常被外界聲音所影響，自我評估便容易動搖。究竟這些外界的聲音是真的，還是自己虛構出來的？究竟聲音針對的是你的個性，還是你的行為？外面的聲音很大，但自己心裡面的聲音最響亮。我們每天獨處的時間比跟其他人相處的時間多，因此更需要時刻覺察和感受自己的存在，每天抽空回顧和思考不同事情的意義，例如運動員身份為自己帶來的高與低。

此外，運動員不應是獨行俠。就算是參與個人項目的運動員，背後都會有其支援網絡，最起碼會有教練、隊友、家人、朋友；而醫生、運動心理學家、物理治療師等就是錦上添花的支援人員。運動員需要身邊人無條件的支持和鼓勵，支援人員需要好好配合和協助運動員，不單能減輕他們運動上的負擔，透過跟運動員的相處，也能擴闊運動員的視野。

### 以強項為本的方法，尋找自己的優勢

我曾是運動員，深深了解運動員就是一群倔強、不斷「向前衝」的人。

不過，有別於西方運動員，香港運動員偏向是一群「不會問、只會做」的人。因此，不少本土運動員對自己的優勢了解不足，以及缺乏要培養運動項目以外的技能的意識，導致他們發展其他興趣時顯得不夠自信，退役後會更容易感到茫然失措。事實上，專業運動員擁有許多獨特且珍貴的特徵，包括有紀律及高復原力，這些特質都能應用在他們未來的職業生涯，並轉化為他們人生下一階段的推動力。你如何利用從運動中獲得的技能，幫助實現新職業並順利轉型？你能從已成功轉型職業的運動員身上學到甚麼？

其實，這不止是精英運動員的挑戰。我曾認識一位15歲的游泳選手，她4歲開始習泳，但媽媽説她總是力不從心，覺得每天沉悶的訓練是一種煎熬。父母認為她不必要繼續游泳，但基於健康理由，希望她繼續參與校

內其他運動。她於諮詢期間開始哭起來，覺得自己現在才重新起步已經「太遲」，會被其他同學瞧不起。尋找新身份的過程中，我們一直在探討她性格上的優勢，經過一輪討論和篩選，我們幫助她與願意嘗試的運動類別進行配對和試驗。如運動員能在運動生涯中抽時間尋找和認識自己的強項，那麼當運動員身份需要轉變的時候，就會變得更輕鬆了。

## 退役不等於人生終結

網球壇傳奇人物Serena Williams在美國公開賽完成網球選手生涯最後一場比賽之後正式退役，自此褪去網球帶給她的光環，轉移重心到家庭上。做出如此巨大的決定並非易事，就像她所說：「我從不喜歡『退役』（retirement）一詞，要形容此刻的我，最佳的詞語是『進化』（evolution）。我要告訴大家，我要從網球進化了，前往一個更重要的世界。」她以一個正面的角度重新定義了「退役」一詞，令我們真正明白到退役是一個機會去發現更多可能性。退役不是人生的終點，如果我們把退役當成人生的進化，就可以尋找自己新建構的身份，朝著新的目標進發。當然，這取決於運動員能否跟隨以上的建議準備退役，決定退役時才會更容易適應過渡期。

阿根廷摔角選手Yuri Maier一直把所有專注力放到奧運戰場上，卻因嚴重受傷被迫提前結束運動生涯。後來，他加入國際摔角聯盟致力幫助其他摔角選手，並擔任國際摔角聯盟的泛美地區發展官員，成功進化。對他來說，進化的關鍵是找到能像運動一樣讓他有同樣滿足感及歸屬感的事業。

波士頓塞爾提克隊主教練Joe Mazzulla曾於訪問中表示：「我不是籃球教練。我只是一個每天上班、幫助別人的人……我關心籃球，但我更關心身旁的人、我能影響的人、我能幫助的人……這是建基於對他人的愛、尊重和理解，我的身份不是建立在頭銜或職位之上。」

其實運動員也好，非運動員也好，單一事件或身份從不該成為我們的唯一定義。我們從小學到中學、到大學、到找工作，或是從休閒到競技運動，身份一直在變，期間可能會波折重重，經歷身份危機、自尊不穩定、不安感。不過，運動場上的轉變是必經之路，及早預備身份轉換也會為運動員帶來更多新的機會和人際網絡，學會更多新技能，成功開啟人生的新一頁。

從今以後，請好好探索運動以外的世界吧。

## Take Home Messages

1. 身份的形成，包括看待自己與他人的「不同」，以及自身跟他人的相似度。

2. 運動員的身份不單來自個人的身份認同和自我價值，同時取決於大眾對「運動員」角色的期望，以及運動環境給予運動員的反饋。

3. 「學生運動員」表面是學生及運動員的結合，但現實反映大眾容易忽略他們學生的身份，更標籤他們為學業成績不佳的一群人。

4. 身份認同越強烈，不一定越好。

5. 退役有分自願及非自願告別，兩種退役方式會面對不一樣的心理挑戰。

6. 及早預備身份轉換，探索運動以外的世界，會更容易適應將來沒有運動的生活。

填寫以下問卷，探討自己的運動員身份。「是」得1分，「否」得0分。完成後把每一題的分數加起來，分數越高，代表身份認同越強烈。

1. 我認為自己是一位運動員。　　　　　　　　　　　　是/否

2. 我對運動有許多目標。　　　　　　　　　　　　　　是/否

3. 我的朋友大多是運動員。　　　　　　　　　　　　　是/否

4. 運動是我生活中最重要的一部分。　　　　　　　　　是/否

5. 比較其他事物，我花很多時間把心思放在運動上。　　是/否

6. 我需要參加運動讓自己覺得好過一些。　　　　　　　是/否

7. 其他人認為我是運動員。　　　　　　　　　　　　　是/否

8. 當我運動表現很差時，我覺得很不好受。　　　　　　是/否

9. 運動是我生命中唯一重要的東西。　　　　　　　　　是/否

10. 如果我受傷而不能參加比賽的話，我會很沮喪。　　是/否

此問卷根據Brewer、Van Raalte及Linder於1993年設計的運動認同量表（Athletic Identity Measurement Scale）翻譯而成。

參考例子，在身份認同圖的空白處填寫自己的不同身份或嗜好。

例子：

**籃球員身份：**

- 大前鋒
- 校隊隊長

**運動員身份：**

- 校隊籃球員
- 業餘越野跑手

**個人身份：**

- 學生
- 兒子
- 哥哥
- 業餘攝影師(嗜好)

**身份：**

-
-

**運動員身份：**

-
-

**個人身份：**

-
-
-

# 第5章
# 尋找運動員想
# 進步的「那團火」

籃球小將阿禮剛滿14歲，身高接近5呎9吋，是校隊成員之一，同時也有代表區隊出賽。

初次見面，媽媽顯得比較焦急。

「他確實是有點天分的，我經常提醒他，單靠天分並不足夠，必須學會努力，才能將潛質發揮到最好。如果他真的想成為職業球員，我會支持他的。」她希望兒子能明白成功需苦幹，單單在學校和其他球員一起抱著玩樂的心態並不足以成為職業球員。

大概的意思就是說，阿禮對籃球十分著迷，卻看不出他平常有全力以赴地投入訓練。

「我時常灌輸成功需苦幹之類的知識給他，但他似乎沒有認真聆聽。」

媽媽慨嘆不知該如何推動兒子去追求進步，十分擔心他浪費了大好潛能和光陰。皇帝不急太監急，媽媽希望成全他的夢想，於是找上門來，希望我可以為兒子提供一點輔助。

「其實教練也跟我說他是一個非常有潛質的運動員，身體條件很好，但總是『心理不夠強大』，無意投放更多努力。這小伙子口裡常說很想成為職業球員，渴望打進CBA或NBA，可是參加訓練時的積極性就大相逕庭。Karen，你認為他是怕辛苦嗎？我不知道。」

阿禮默不作聲坐在她身旁，我邊聽邊觀察他無奈的樣子。

「我先跟阿禮談一談，請你在外面等候。」我滿臉笑容，想給媽媽一點信心，同時也讓她知道，阿禮需要空間，獨自跟我聊應該會比較輕鬆。畢竟，我也想聽聽阿禮的想法。

聊著聊著，就發現，問題不在於怕辛苦，而是另有原因，跟訓練氛圍有關。

這也令我回想起一次跟另一位家長的對話。兒子15歲，是足球員，在香港踢得不錯。球會主教練人脈很廣，認識法國知名度蠻高的教練，跟家長討論後，家長決定把兒子送到法國南部受訓。

球員到埗後3個月，本地教練收到法國教練的來電。法國教練直言不諱跟本地教練反映，他多次給予球員上場的機會，對方卻沒有好好珍惜，感覺他「不想比賽」。如果球員根本無心戀戰，就不要待在這裡好了。

家長聽說後當然很生氣，認為兒子令兩位教練丟臉。本地教練可是用盡人事關係為他爭取這個寶貴的機會，他卻沒有好好珍惜。

家長問我，是兒子不夠爭氣嗎？本地教練其實過往也送過其他球員到外地訓練，人家都沒問題，是自己的兒子不想努力嗎？

# 5.1 運動員欠缺爭勝心怎麼辦？

1936年西班牙推出兒童經典作品*The Story of Ferdinand*，講述一頭小公牛寧願停在路邊聞花香，也不願與其他公牛較量。公牛媽媽有天看到自己的孩子坐在樹下聞花香，非常悠然自得，決定放任牠，也不要求牠跟別的公牛一樣積極好勝了。

這個故事後來成為了提倡非暴力及和平主義的經典之作，但一眾家長得出另一番結論：有些人寧願坐在路邊聞花香也不願參賽，其實也沒甚麼不好。

作為家長，你有沒有曾經因為孩子不認真看待比賽而不禁嘆氣？又有沒有因為孩子沒有動力去競爭而苦惱？

缺乏驅動力（下稱動力）一直被我們定義為惰性。看見小孩走去打電動卻不做功課，父母當然會生氣，斷定他們生性懶惰、做事欠缺動力。但實際上，孩子不是沒有動力，只是動力放在打電動上。人類很聰明，會把想做的事情排好優先次序，所以玩電動排第一，功課排後面。

既然動力跟懶惰沒有太大連繫，是甚麼力量驅動著我們每天的行為，或是比賽的行為呢？

## 身體得到平衡，就不會動起來

早期研究動機的學者發現，人類做任何事的動機都是由體內狀態失衡所驅動的。

運動心理學 **2** ——除了運動員，你還是誰？

我們的身體會積極維持某種平衡或均衡狀態，每當我們需要完成一件事，就代表我們正在經歷一些不平衡的狀態，使生物或生理需求得不到滿足。為了緩解這種不平衡狀態，人類會想盡辦法滿足這種生物需求。我們肚餓的時候，肚子會發出咕嚕咕嚕的聲響，向我們發放信號，令我們意識到對食物有需求。填滿肚子後，體內重新回復「平衡」，去吃東西的動力就會減滅。

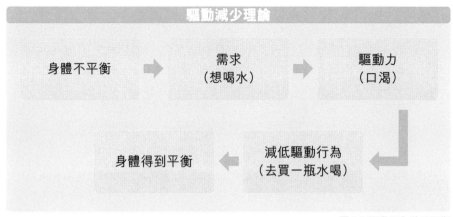

圖5.1 驅動體內狀態平衡

還記得於第四章〈除了運動員，你還是誰？〉提及的Maslow需求層次理論嗎（更多詳情見第七章〈建立更強大的運動團隊〉）？人類需求分為五個層次，自下而上尋求各種需要：從底層的生存、生理和安全，到建立和維持人際關係，再到高階的建立自信和發揮潛能，如果我們無法滿足生理需求，就談不上追求其他「更高層次」的需求，如安全、社交或自尊需求。

先談談運動，它在Maslow不同層次的需求上具有多重功能。

舉例說，醫生建議糖尿病患者增加運動量，患者做運動的動機可以是為了滿足基本生存需求。

同樣地，為了減肥做運動以改善身形、提升自信的人，運動就被視為滿足自尊需求。

談到精英運動員追求卓越的決心，透過運動來展現個人最佳表現，就是實現自我潛能和追求自我實現的需求了。

## 「係愛定係責任呀？」

2018年興起的潮語，諷刺驅使大家工作的動力不是愛或責任，而是因為一個字——「窮」！大部分人工作的原動力是為了養活自己及家人，全靠「外在」因素推動我們上班工作，而不是從心出發去做喜愛的事。

數年前我有一位好友結婚，為了以最佳狀態拍攝婚紗照，她在健身房逗留的時間比跟我聊電話更長，除了做運動外，她還很用心去控制飲食、美容護膚。說實話，這朋友從來都不是做運動的材料，中學時期常常裝病不上體育課，結婚使她態度180度轉變，雖然被我們一班好友揶揄她每天賣力健身，但我真的打從心底佩服她。

要拍到漂亮的婚照，就是她做運動的原動力。

大家亦不難猜到，她結婚不久就打回原形。

不用再拍婚紗照，再也沒有原因每天折磨自己了。

這股力量從哪裡來的？是外在的，可以稱為外在動力。

動力這個概念可被視為一個連續體，所以除了外在動力，連續體的另一端就是內在動力。

如有運動員告訴你，不論表現好壞，他都從心底裡喜歡運動，因為運動本身帶給我們的樂趣與滿足感是無價的，這就是一種發自內心的享受，是內在動力。

170

內在動力，不是為了衝甚麼排名和紀錄，而是為了樂趣和享受腎上腺素帶來的刺激感，完成後會覺得「真的很爽」。

# 5.2 動力的連續體：自我決定理論

運動心理學家並沒有甚麼魔法棒，輕輕一揮就能夠施展推動運動員向前的魔法。但我們從書本和訓練上了解到動力是一個複雜的概念，運動員開始、持續和離開運動的過程當中，動機一直在改變。

美國心理學家Edward Deci及Richard Ryan是研究動力與動機的學者，他們最有名的「自我決定理論」（self-determination theory）於1985年提出，此後經常被重複引用。

理論提到，動機由非自我決定開始，代表人靠外在因素才會提起勁完成任務。而在另一端，動機就是自我決定，意思就是靠內在因素才會提起勁完成任務。

在連續體上，動機會再被細分成多個不同的調節風格，分佈在兩端的分別為外在動機和內在動機（非自我決定和自我決定）的連續體之上（見表5.1）。

動力是連續體，不是嚴謹的線性過程，所以動力不一定由表5.1的左方（外在因素）移到右方（內在因素）。

例如小孩每次上足球班都開開心心的，證明他本來就是由心而發的喜歡，是內在動機，不一定是因為外在動機（父母要求，即表5.1左方）影響下而慢慢變成喜歡（即表5.1右方）。

| 動機 | 缺乏動機 | 外在動機 內化程度 | | | | 內在動機 |
|---|---|---|---|---|---|---|
| 調節風格 | | 外在賞酬 | 內在賞酬 | 自我認同賞酬 | 整合賞酬 | 內在調節 |
| 動機調節因素 | | 順從性 外在獎勵或懲罰 | 自我介入 他人認同 | 重視該活動 認可目標 | 一致性 與自身理念相符 | 興趣 樂趣 內在滿足感 |
| 例子 | | 運動員為了獎金或避免懲罰而努力練習。 | 運動員認為自己表現不好，別人會看不起自己或父母會失望。他們這樣做通常是為了減輕罪惡感。 | 運動員努力練習是因為獲勝可以幫助他們入讀名校。 | 運動員需要取得好成績，因為他們認為自己是他人的榜樣。 | 參與運動純粹是為了樂趣、享受或沉迷腎上腺素帶來的刺激感，而非外在原因。 |

非自我決定　←　　　　　　　　　→　自我決定

表5.1 自我決定理論

　　運動員參與運動可來自內在或外在因素，也可能是兩者的結合，因環境和時間而異。

　　數年前，一位16歲的田徑選手曾來找我。他正為升大學做準備，努力爭取獎學金入讀心儀學科，希望能參加世界大學生運動會，因此他對田徑成績非常重視。這種情況下，獎學金可以被視為一種外在賞酬(即外在動力)，促使他投入訓練。與此同時，他本身也非常享受短跑帶來的速度感和滿足感，一直有股內在動力推動他用心訓練。因此，他參與的動機同時包含了內在調節和外在賞酬。

## 動力，像港式奶茶

港式奶茶是我們的文化符號，我就嘗試用它來比喻為動力。

我雖然對食物不挑剔，卻對奶茶有點要求。我每週至少要喝一杯，熱騰騰的，不加糖。我喜歡它的香、濃、滑、有回甘，是不同比例的幼、中、粗茶所帶來的層次感。當然，不是每個人跟我一樣，喜歡去我光顧的茶餐廳。別的地方沖的方式不一樣，比例就不太一樣。像動力一樣，是內在和外在動力的組合，有些人內在動力比外在動力多，有些人卻正好相反；不同的組合會形成引導自己向前的動力。

圖5.2 正如奶茶一樣，內在和外在動力可以混在一起，不同人有著不一樣的比例

運動心理學 2 ──除了運動員，你還是誰？

　　運動員A一直是中學手球隊成員，做運動主要為滿足父母對他在中學時期必定要參加校隊的期望，而他也深信參與運動可以保障他升學和保持健康身形。他不想令父母失望，這些介乎內在賞酬和自我認同賞酬調節風格之間的因素，給予他滿滿的動力參與訓練。

　　另一邊廂，運動員B是中學網球隊成員，即使文憑試將近也繼續訓練、打比賽，目的是為贏取大學獎學金，但他同時享受和隊友共同奮戰、超越自己的過程。他的動機包含了外在賞酬和內在調節的風格。儘管這些因素未必能給予他100%的動力，但仍能使他積極參與網球訓練。

　　每個人的動力都可以包含多個不同調節風格的因素，你手上的那杯奶茶味道如何，取決於混在一起的內在和外在動力的比例。

　　究竟你手上的奶茶是較濃郁的，還是淡淡的？是內在動力佔多數，還是外在動力為主？

## 長期依賴外在動機的風險

### 1. 湯姆索亞效應（Tom Sawyer Effect）

　　70年代，一位美國心理學家進行了一項藝術實驗，他將一群喜歡畫畫的小孩分成兩組：A組畫畫後得到漂亮的「好孩子」獎狀，B組則沒有任何獎勵。當A組的孩子得到獎狀時，他們自然感到高興，比B組畫了更多畫。

　　一星期後，A組獎狀被撤回，從此以後，A組孩子畫畫的數量大幅減少，甚至比B組少。實驗揭示了一種外在動機使內在動力失效的現象──當外在獎勵的魔力減弱，原來會對內在動機有破壞性作用。當小孩獲得獎勵時，他們開始將畫畫視為一種任務，而不再是一種自主、有趣的活動。這現象稱為「湯姆索亞效應」，A組孩子畫畫的數量隨著獎狀被收回而減少，意味著外在動機令孩子忘記喜愛畫畫的初心，從而失去內心驅動的動力。若個人對任務的新鮮感逐漸消失，獎勵或懲罰變成了預期的「例行公事」，積極性自然大大減少。

不過，學者認為，外在動機會否損害內在動機視乎個人對獎勵的看法與考量。此部分在本章後段再作討論。

### 2. 獎勵與表現帶給運動員的訊息

有家長會對打高爾夫球的孩子說：「如果你能夠打到74桿，拿到冠軍，我就會買新球桿給你，全家到酒店吃自助餐慶祝。」哇，聽起來多麼令人振奮，若你是高爾夫球發燒友，也會想盡辦法把球打好。

相反，當孩子打不出桿數，沒有勝出，家長不但不會送球桿，酒店自助餐也要留待下次才能去。

這些外在的獎罰方式與成績掛鈎，漸漸地會讓運動員知道，家長關心的，就是比賽成績。

### 3. 獎罰終有一天會失效

你可能會想：那獎勵運動員的努力就可以了吧！其實，只要是外在的獎勵都要謹慎處理。

一位劍擊教練於練習時跟我說，只要小劍手有努力訓練，他就會買巧克力鼓勵他們，希望能推動小劍手繼續練習。這沒錯吧，用獎勵強化行為最為簡單直接。（我們先假定小劍手喜歡吃巧克力，能提高他對劍擊的積極性。）但教練一旦提出「如果你打得好或有努力訓練，就會有巧克力吃」等條件上的獎勵，會出現潛在問題。

家長和教練引入外在獎勵或懲罰，運動員的行為會在初期短暫顯著見效。給對了獎賞，運動員會喜歡；給對了懲罰，運動員會產生恐懼不敢再重複犯錯，兩者均可以為個人提供強烈的動機，影響運動員進行對或錯的行為。

然而，外在獎勵或懲罰在推動行為方面的有效性會逐漸下降。例如學者Reeve與Deci的一項研究發現，精英運動員其中一大驅動力是他們的收入，但收入的影響力會日久失效，最大的驅動力慢慢由收入變成追求個人突破。

運動心理學2 ——除了運動員，你還是誰？

　　試想想，如我在每節訓練均表現理想，教練都會給我一顆巧克力作獎勵，那麼有一天我的訓練成績突飛猛進，贏盡隊友，教練到底要給多少顆巧克力來獎勵我的努力才算足夠？當運動員一直在超越自己，獎賞數量只能有增無減，或不停跟著喜好變動，終有一天會達到極限。相反，當運動員一直錯下去，所謂的「罰則」也只能日趨嚴重才能達至相應效果，長遠來說不是最佳辦法。我於前作《運動心理學——建立自信，盡展所長》也有提及體能作為懲罰的要害，在這裡就不作詳細討論了。

　　所以，如要獎勵巧克力給運動員，不應是符合訓練條件才能給的，久不久就送他們一兩顆吧，正如家長給孩子玩電動的時間也不是完成功課後才給的獎賞。有關這一點會在第六章〈青年運動：從玩樂到競賽〉再作詳細解説。

## 外在動機就是被迫？

　　兩種動力極端相比之下，由心出發的（內在）動機較穩定，不容易受外界干擾。

　　然而，這並不代表外在動機毫無價值，只是內在動力在不同情況下，都能為我們在多變的環境中提供一個值得堅持下去的理由。

　　運動員A很有可能在升讀大學、完成世大運後而失去外在動力，導致參與運動的意慾減弱，因為他已經滿足了父母願望，以及入讀理想學府和參加世運的目標。

　　相反，運動員B即使比賽的獎金不多，其他較為穩定的內在動力仍足以支持他繼續恆常參與訓練，堅持運動下去。

　　當然，外在動力亦有相當的效用和重要性，特別是在集體主義文化中，外在和內在動力兩者同樣都能推動人類完成任務，並有著密不可分的

關係。在集體主義文化的社會形態下，家庭對於每個人來說都扮演著重要的角色，而履行家庭義務更是不少人心中最強的推動力。

　　亞洲人偏向實行集體文化主義，個人利益及存在價值置於集體及社會整體價值之下，一般較容易受父母或家庭影響自己的決定，甚至內化家庭價值觀和團體對自己的期望。我們會說：「如果不用功讀書，那實在太對不起父母了！」那我們的動力就是從家人這股外在力量來的，是外在動力。這是集體文化主義的特徵，相比西方國家（或是走個人主義的國家），我們做事有衝勁不一定完全發自內心，但這也沒有甚麼不好。

　　研究菲律賓學童動力的文獻顯示，由於家庭是學童動力的源泉，他們選大學學科時，即使對專業學科沒興趣，也會努力取得好成績來取悅父母，甚至選擇父母為他們定下的專業作為終生事業。這群學童努力讀書的動機顯然是外在動力，但他們的自主感不單沒有減少，更獲得高水平的幸福感。

　　那就是説，當學童對家庭抱有強烈的責任感時，他們會有同等動力追求學術上的成就。

　　每個人都有其獨特之處，沒有甚麼理想的動力成分和比例。運動員A和B的動力實際上難以作出直接的比較，當中牽涉到家庭、教育和社會背景等因素。不同人喜歡不同濃度的奶茶，即如我們會注意到有些因素是來自外在的，有些是來自內在的。

## 5.3 三種激發自發行為的基本心理需求

話雖如此，外在動力在個人主義的人眼中好像還是缺乏持續性又不可靠，那我們可以用甚麼方法提高這種「自發性」呢？前文提及的自我決定理論中，Deci與Ryan提出了三種基本心理需求，當中包括人類的自主性、聯繫感和勝任感，三種需求均是提升動力的方法。

### 1. 自主性

當人具有選擇權，就會覺得行為和目標處於自己掌控的範圍內。一個人擁有適當的自由度，才能夠燃燒內心那團火，自己直接採取行動。

### 2. 聯繫感

聯繫感代表人類在環境或團隊裡感受到的歸屬感和依賴感。我們渴望與人連繫、關心他人及被人關心，以滿足社交需求。體驗到的聯繫感越高，我們越有動力去完成目標。

### 3. 勝任感

勝任感，顧名思義是一種能夠勝任工作或任務的感覺，只要在環境裡感受到自己做得夠好，就能驅動一個人去完成任務。勝任感的建立取決於一個人是否能夠達到自己訂立的目標。在前作《運動心理學——建立自信，盡展所長》中曾提到訂立目標需要具備適當的挑戰性，難度不能太低，也不至於枯燥無聊；但也不能難度太高，令你覺得目標遙不可及。難度適當的目標能最有效提升勝任感。

# 5.4 環境和社交因素如何影響運動員?

　　以上的三種需求感覺較個人,大家才會誤以為動力一定是個人可以改變的東西。

　　推動人類奮發向上的動力確實是多方面的。一方面,它可以通過心理(較內在的)因素來推動行為;另一方面,它可以是外在因素的影響,再轉化為內在的力量。

　　不過,我們不能忽略的,就是環境和社交因素對基本心理需求的影響。

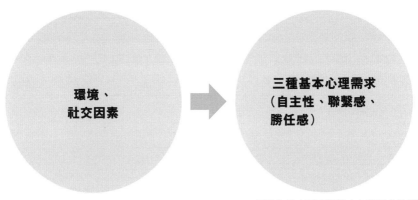

圖5.3 社交因素對基本心理需求的影響

　　本章開首提及到一位去了法國訓練的年輕足球員在離開香港後,動力就開始下降。假若球員在外地沒有遇到一位經常鼓勵他的主教練或非常關心他的隊友,而是遇上歧視亞洲人的監護人,令他在一個欠缺安全感的環境下居

運動心理學 **2** ——除了運動員,你還是誰?

住，他又怎能夠在球場上發揮自己呢？如我們不知實情就下定論認為他是懶惰才沒動力訓練，對他實在太不公平了。

人與環境一直在互動，動力除了與個人有關，同時也跟環境有關。

了解運動員的動力來源，不能只顧著自主、聯繫、勝任感三種心理因素，也不能單單根據其練習和比賽表現來分析，要同時觀察運動員身處的環境和社交因素。

這包括他的成長背景、家庭環境、學校、運動項目、體育總會的政策，或是交友、社會地位、所擁有的團隊身份和社會認可。

那，運動員的訓練環境是誰塑造出來的？

主要是教練及體育總會，其次就是體育制度和社會政策。

曾經有運動員告訴我，他球隊的新會員加盟兩個多月了，教練只顧著新球員，他卻與新球員性格上不合，感覺整個球隊的氛圍變了，這個環境無法令他積極訓練，那就是環境影響到他對球隊的聯繫感。又或是基於新人事新作風，球會換上新教練班底後，戰術及風格並不適合旗下運動員，導致自主性、勝任感和聯繫感三方面都下降。

運動員訓練以外的環境，包括家庭、學校等一律歸納為環境因素。對於一些年紀尚小的運動員，家長對運動內外的參與和介入，包括運動員的成長經歷、家長的教育方式和給予的回饋，以及在運動上的參與度，則歸納為影響運動員心理因素和動力的社交因素。

這令我回想中學時期同學之間的友誼多數建基於陪伴。無論是學習交流，或是吃喝玩樂的社交活動，大家也會說要「一起做」。社交因素對於青少年參與或退出運動，特別是女性，有一定影響。這就是與運動有關的社交因素。

## 獎勵與內在動力

　　小孩畫畫的實驗告訴我們，獎狀會削弱內在動力。不過，後期的學者告訴我們不能用黑白思維去了解它。外在動力能否真正削弱內在動力，視乎我們對外在動機的看法。

　　首先，獎勵(外在動力)分為兩種。第一種是控制性質的，這種獎勵帶有支配的意味，控制性越高，運動員越有可能會感到被束縛；第二種是資訊性質的，這種獎勵會向運動員傳遞有關其能力的訊息，越高的資訊性，運動員越清楚如何追求進步。

　　假若我們認為獎勵有控制成分：

### 1. 獎勵控制性高，內在動力低

　　比方說，職業騎師因獎金誘人，選擇待在馬圈工作(騎師喜歡騎馬的速度感是內在動機，暫不在此討論)。但騎師告訴我，他們認為自己被賺來的巨額獎金所「控制」，為了高收入才選擇承受馬迷、媒體和社會的壓力(香港人喜歡說：「人工包的！」)。他們繼續參與賽馬的原因是源於「外在」理由，而這個動機支配著騎師，降低他們工作上的內在動力。

### 2. 獎勵控制性低，內在動力高

　　我們再看看高爾夫球手的例子。如果給予球手的獎勵不是獎金，而是更多出外比賽及設計自己的服裝品牌的機會，那麼球手就會在環境裡感到更有自主感，並因此體驗到更多由運動帶給他的樂趣。這會增加他打球的內在動力。

　　假若我們認為獎勵有資訊成分：

### 獎勵資訊性高，內在動力高

　　籃球員在比賽結束後獲得最有價值球員獎，這既是對球員能力上的肯定，也是一種鼓舞。這種資訊能增強他繼續進步，提升內在動力。

### 獎勵資訊性低，內在動力低

　　教練對足球員的訓練非常嚴格，不斷就他們需要改變的地方提出負面回

**運動心理學 2** ——除了運動員，你還是誰？

饋。縱然這種回饋本質上是資訊性的，但負面回饋的資訊性低，只會降低足球員的自我效能感。這會降低他繼續進步的內在動力。

以上只是一些簡單例子，在現實情況下，獎勵既可以是控制性的，也可以是資訊性的，取決於個人對獎勵的看法。

我曾遇過一名游泳教練，每年年底都會向泳員頒發嘉許狀，獎勵於訓練付出努力的泳員。這聽起來很有資訊性，似乎在傳遞一種自我效能良好的正面訊息給泳員。不過，有些泳員卻認為教練在「做騷」，畢竟泳會要求所有泳員需提交教練評估表，教練可能只是想泳員記住他是一位會頒發證書、鼓勵泳員的「好教練」，希望他們在評估表上給他高一點的評分。是真是假，實屬無據，如果原為好意的嘉許狀被看成控制性的獎勵，就不會對泳員內在動力起到甚麼正面作用，泳員拿到證書後反而可能會感到無奈。


## 獎學金，對動力有沒有幫助？

那麼，獎學金又是怎樣的一回事呢？

顯然，獎學金屬於外在動力，而且聽起來頗具控制性質。曾經有學生運動員跟我說，他拿到大學獎學金，就算想放棄，也認為自己有責任繼續參賽。當然，也有別的運動員覺得是一種榮譽，證明運動水平受大學認可，那獎學金就發揮了資訊性質。所以，這也取決於運動員如何看待獎學金的功能。

美國一項欖球員縱貫研究，將獲獎學金和未曾獲獎學金的欖球員在動力上作對比。獲得獎學金的欖球員的內在動力，由第一年拿到獎學金後持續下降，直至大學最後一年，他們對欖球的動力和享受程度到了最低點。

從實驗看來，相比起資訊性質，運動員偏向視獎學金為控制性質。

# 5.5 比賽成績與內在動力

比賽成績，又會影響內在動力嗎？

如運動員把比賽看成是資訊性質的，內在動力就會提升。

每項比賽均有輸贏、排名等客觀結果，但運動員對比賽的主觀看法也會有所不同。從心理學角度來看，運動員能從比賽中學到東西，所以無論比賽勝出或落敗，比賽都能給運動員提供「資訊」。這也是為何我不同意「you either win or learn, you never lose」（你要麼贏了，要麼從中上了一課，你從未輸過）等説法。贏，其實也學到很多東西的。

懂得設定過程目標的運動員，相比集中在結果目標的運動員更在乎個人臨場發揮。比賽成績是客觀結果，但對於表現的滿意度可以是主觀判決，從技術上、策略上或情緒管理上的發揮可以反映出來。即使比賽結果不似預期，主觀滿意自己過程上的表現也能推動內在動機。

## 「冇比較冇傷害？」

有次，我去看一班18至21歲的現代舞舞蹈員練習。練習結束，其中兩位舞蹈員眼泛淚光，留下來跟我聊天。

「我對現在的老師其實並沒有任何敵意，只是不喜歡她常常將我跟其他人比較。我們全班同學都知道她對另外一個好厲害的同學特別偏愛。那位同學確實是跳得比我們好，畢竟她的舞齡比我們長四年多，有些東西我們還沒學，她很久前已經學會了。但説到底，我覺得老師不用這樣嘛，我會很辛苦。」

運動心理學 2 ——除了運動員，你還是誰？

「她不斷跟我們兩個說：『你學一下她(同學)的創作力嘛！你們就是不懂。』然後就要我們站在旁邊看，但又不給我們任何指導。」

「她(老師)是不是以為這樣說我們便會更努力？我反而更不想繼續跳下去。」

兩人一唱一和，委屈得落下淚來。

事實上，比較、嫉妒和競爭三個概念一直緊密相連。

無論是舞蹈員之間追求相同獎項和認可，還是騎師爭奪相同的馬匹策騎，或是同一支球隊的球員想入選第一陣容也好，鬥爭和嫉妒常常一同爆發。

「是否老師停止比較，就沒有傷害？我倒想知道。」

我就集中談談舞蹈。

舞台上的嫉妒和鬥爭往往是源於舞台下的比較。美國運動心理學家Chelsea Wooding表示，比較是舞蹈界固有的現象，從試鏡，到進入舞蹈團，再到被選中跳單人舞，競爭每分每秒都在發生。競爭，導致比較的出現。

我們大多傾向將自己與同齡人，或跟我們相近的人進行比較。社會心理學家Leon Festinger於1954年提出「社會比較理論」（social comparison theory），當中有兩種比較方式：「向上比較」（upward comparison）和「向下比較」（downward comparison）。

在運動場上，比較和競爭無可避免地存在。Festinger認為，人類依靠與他人的比較來準確評估自己的能力、特質和態度。

我有位朋友平常會去健身、緩步跑，體格尚算健壯，今年決定參加半馬挑戰自己。半馬當日，他看著所有參加者陸續出現，發現他們都比自己更健壯，他才意識到自己對自身能力的評估過於樂觀，這種向上比較令他失去自信。但開跑後，他發現自己實力也不賴，到中段不斷超越人群，而後面的人也沒有趕上，他就立刻變得安心了，這種跟落後的人比較就是向下比較。之

後，他對自己的步速也挺滿意，也沒有特別要去追趕前面的跑手，餘下的賽程跟著自己的節奏繼續跑，最後順利跑過終點。

我們向下比較會令自我感覺更好，可提升自信心，但當然亦有其危險性，包括產生的不安、嫉妒、過度自信和傲慢的感覺。相反，向上比較會使我們氣餒，但有增強動力的可能性。所以，比較不一定有害，取決於我們先向哪個方向比較。

當然，這也不是甚麼驚天地泣鬼神的發現。

要二選一的話，我倒是認為向上比較有它的好處。但它能否推動自己向前，還是會令自己更沮喪，需要很小心處理，重點是拿誰人來作為參考對象。

大家在運動領域裡應該有不少偶像或榜樣（role model），那跟他們比較，又會否成為推動力呢？

## 選擇勤奮堅毅的榜樣

2021年發表的一篇科學文章"Not All Scientists are Equal: Role Aspirants Influence Role Modeling Outcomes in STEM"，由Danfei Hu及數名學者的引領下，發現當我們以一位「天才」作為榜樣時（如愛因斯坦），我們會傾向於相信天賦是成功的必要條件，並養成固定性思維模式，令自信減少。相反，選擇與勤奮和毅力相關的榜樣（如愛迪生）會激勵我們，並有助於發展成長性思維模式——只要努力，我們也可以像他們一樣成功。

看來，我們不能夠只看榜樣的成就，還要看他們得到成績是先決條件，還是後天努力。

運動心理學 **2** ——除了運動員，你還是誰？

## 選擇擁有多元身份的榜樣

芬蘭有關學生運動員組成的研究，發現原來大多數學生運動員的榜樣都有多重身份，在運動界別之外有所作為，例如從事設計時裝或當模特兒。這些榜樣令學生運動員能夠探索各種身份的可能性，而不是嚴格地遵循他們的學生或運動員身份。

這好像呼應了我在第四章〈除了運動員，你還是誰？〉提到的美國奧運金牌選手Natalie Coughlin，她除了是千禧年代100米背泳的世界紀錄保持者外，廚藝還非常精湛，她在某次訪問中提到希望每天吃得更健康，這對她的訓練很有幫助。她訓練以外的時間都放在種植和烹飪上，對準備和烹調食材很有心得。

對我來說，除了游泳外，烹飪就是她的另一個身份了，而這才是一個發展全面的運動員，所以她是我運動生涯中極為敬佩的泳手之一。

## 選擇年齡和體格上與自己相若的榜樣

不久之前，一位16歲的劍擊手跟我說，他很仰慕比他年長3年、高差不多15厘米的一名意大利籍劍擊手，還常常看他的影片，願望就是要學習對方所有防守、還擊和弓步動作。

雖然這位本地選手非常用心，但後來當我跟他討論一些目標上的細節，發現以意大利選手作榜樣有點遙不可及。

在2017年，來自馬來西亞蘇丹依德理斯教育大學的Mohd Huzairi Mohd Sani及Thariq Khan Azizuddin Khan的研究發現，30名青年欖球員在定期觀看與他們年齡和體格相若的同儕完成射門的影片後，表現顯著提高。

於是，我就嘗試跟劍手討論其他年齡、體格相若的劍手，看看有沒有其他更值得仿效的對象。

聊著聊著，發現他對韓國的劍手蠻傾慕的，而當時亞洲排名第五的韓國選手跟他身高相若，以他作為向上比較的模仿對象更為適合。觀察韓國劍手的成功表現，使他也相信他能做到，這也是提升自信和動力的好方法。

賓州大學華頓商學院行銷管理教授Jonah Berger於2017年談及推動自己前進的入門技巧時亦同意以上研究說法，認為跟能力相若的人作為參考對象，可減少我們感到遠遠落後的負面情緒，有助保持動力。

## 向內比較

身處於一個充斥著比較的城市，運動員應更積極地與比較建立健康的關係。你一般會向上還是向下比較？如向上比較，應選擇仿效適合自己的榜樣，培養一種持續專注於成長的心態。

比較可以是正面的，有助你尋找生活靈感，改變現有的狀態。

然而，如發現自己過度進行向上比較，對自己諸多挑剔、感到困惑，就需要反過來向下比較。向下比較，也有其參考價值，偶爾進行也是可以的，只是長遠來說並無法對你有任何向上爬的刺激和挑戰就是了。

既然如此，我們不妨考慮「向內比較」——跟自己比較。否則，真真正正控制和籠罩著你的，就只會是這股「比較」的感覺。

運動心理學 **2** ——除了運動員，你還是誰？

# 5.6　持續參與運動的那團火

## 好玩 = 不認真？

除了觀看比賽，我偶爾也會落場了解訓練情況。

這個時候，我和坐在球場邊的家長會聊起來，他們總是邊看著孩子邊嘆氣，邊跟我說：「你看，他多麼的不認真！我常常要盯著他，累死了。」

訓練後，家長一怒之下會跟孩子說：「你這麼不認真打，又不專心，那就不要打好了，不要浪費金錢！」

孩子通常一臉無奈。

家長繼續訓示孩子：「如果想進步，就不能只抱著玩的心態，要認真練習。」

我很理解家長的焦急，但同時也很懂小孩喜歡玩。

試問，誰不喜歡玩？

家長可能會說：「玩，也有限度啊。玩歸玩，假日陪他去海洋公園不就已經給了他玩的時間嗎？訓練，就該認真起來。不然，浪費了教練時間，我也覺得不好意思。」

然後，他會再竊竊私語跟我說：「其實我打算下季轉教練。這教練……怎麼說好？我兒子很喜歡他，他們常常打成一片。但如果我想兒子提升水平，繼續讓他在這裡玩，好像不太行。」

玩，與高水平訓練，到底有沒有牴觸？

假若你是中學生，每天上歷史課你都幾乎睡著，有一天歷史老師跟你說，明天會帶一副跟歷史有關的桌遊，讓大家一邊玩一邊了解不同歷史事件和認識君主的名字，相信不少同學也會為此感到興奮，終於不用坐定定地聽老師單向的授課。

無論大人和小孩，都會喜歡有玩樂成分的課堂或工作。

競技運動也一樣，假若沒有玩的成分在內，訓練就會變得沉悶。

如果你走去問小孩：「你為甚麼喜歡踢足球？」

小孩會回應：「因為踢足球好玩。」

你給小孩機會去解釋，他可能會說：「因為小明也有參加，我又喜歡陳教練，他很好笑。」

就算你問年紀大一點的小孩，他們也會給你類似的答案：「教練每次都會給我新的挑戰」、「我在隊內認識到一班好朋友」、「助教經常鼓勵我」等。一般來說，「好玩」都是令他們繼續踢足球的首要條件。

但你反過來問一位常常逃避足球班的小孩：「那你為甚麼不想踢呢？」你預計會得到怎樣的答案？

「因為它不好玩。」

這個解釋十分含糊，也許是足球對他來說從來都不好玩，也許是他在足球運動裡找不到朋友，或是教練太嚴肅等，原因可以有很多。不過小孩內心的抗拒，總算是表達出來了。

主張強化運動體驗的兩位運動心理學家Scanlan和Simons，非常喜歡研究「玩」。他們發現，「玩」是主觀判斷，即運動員怎樣看待自己的運動體驗，以及從中得到的「享受」（sport enjoyment）。

運動心理學 **2** ——除了運動員，你還是誰？

好玩的元素越多，運動員就會越享受、越投入，退出運動的機會越小。這一點不難理解。

回到上述我常在球場聽到家長抱怨孩子不認真一事。家長認為玩就等於嬉皮笑臉，是不認真對待訓練的表現，也不是一個適合高水平訓練的氛圍。

「初學當然可以玩，但到他長大後或需要參加更高水平的比賽，訓練就不能只顧著玩了，不是嗎？」

我最近在追溯過往美國奧運隊的表現。

美國奧運選手於每屆奧運後都會填寫問卷，好讓運動心理學家了解他們從最初參與運動到達至世界水平的動機，以及持續參與的原因。在2000年、2004年、2008年及2012年四屆奧運，「fun」（好玩）一詞排第四；在1984年、1992年、1996年三屆奧運，「fun」則排第二。

這些奧運選手已經是世界級水平了，為何還會覺得「好玩」？那必定是訓練包含好玩的元素，才會有這樣的答案。

而從其他與運動體驗相關的文獻中，也找到相同發現。

Ewing與Seefeldt兩位學者曾訪問8,000位運動員，了解他們參與運動的原因。結果顯示，不論性別、運動水平（業餘、出外參賽）、參與的是校內或是校外運動，排頭三位的原因分別是：

- 好玩

- 做一些自己擅長的事

- 學習新技術

在同一實驗中，當運動員被問到退出運動的原因時，排頭三位分別是：

- 不好玩

- 對運動提不起興趣

- 教練偏心、教得不好

從上述的訪問結果顯示，無論是青年、小朋友、男性或女性⋯⋯好玩根本沒有任何年齡、水平或性別之分，故此在眾多持續參與運動的原因中才能長期排頭三位。

而運動好玩與否，直接影響運動員的動機和對運動的投入度。

「玩」的概念經常被以偏概全，很容易被誤以為不認真，所以「玩」在訓練中的重要性最常被忽略，這也是運動員退出運動的罪魁禍首。

## 重新認識「玩」

一直以來，研究運動員正面運動體驗及參與運動的專家寥寥可數，而喬治華盛頓大學教授Amanda Visek可算是此領域的佼佼者，她一直關注運動員選擇持續和退出運動的箇中原因。她於研究初期發現小孩將「有趣味」或「好玩」作為參與有組織運動的首要原因，一旦運動體驗變得乏味，他們便會選擇退出。

「玩」，除了指小孩在球場上面帶笑容地追逐的那些具體畫面外，同時也是一個難以捉摸的抽象概念。

Visek後來開發了「玩樂整合理論」（fun integration theory），解釋「玩」的含義，將原本空泛的意思收窄，並創立了玩樂地圖（fun maps）。

她透過概念圖去確定運動員對「玩」的看法和堅持參與運動的決定性因素，再把答案分成4個類別，判斷它們的相互關係，然後量化每個元素的重要性、頻率和可行性。

「玩」，可以分成環境、社交、內在和外在4個類別，當中再細分成

運動心理學 **2** ——除了運動員，你還是誰？

11個層面，共81種相關元素(下表只列出部分元素)，這些元素名為「玩樂決定因素」(fun determinants)。

| 玩樂類別 | 玩樂的層面 | 玩樂決定因素（運動員角度） |
|---|---|---|
| 情境 | 練習 | 參與有一定自由度及系統性的訓練，有模擬比賽成分 |
| | 比賽 | 有比賽和出場機會、能夠打喜歡的位置、跟水平相若的球隊比賽 |
| 社交 | 團隊友誼 | 與隊友互相扶持、認識新隊友 |
| | 團隊儀式感 | 賽後聚餐、參與團隊建設活動 |
| | 當好隊友 | 展現體育精神、協助隊友 |
| 內在 | 技術上的進步 | 提升技術到另一個層次、與教練和其他隊友較量 |
| | 努力嘗試 | 努力尋求突破、訂立清晰的目標、透過練習增加自信心 |
| | 心理優勢 | 全程投入、不理會分數、正向面對成功與失敗 |
| 外在 | 正面教學環境 | 尊重運動員、願意聆聽、照顧每一位運動員的需要、給予機會讓運動員正面地從錯誤中學習、給予運動員表達想法的機會和選擇權 |
| | 場外應援 | 觀眾支持、向運動員祝賀 |
| | 酷的感覺 | 漂亮的隊衣和行裝、得獎、出外參賽、被邀拍照 |

表5.2 11個玩樂層面及玩樂決定因素

「玩」對運動員來說，是有分類別的，似乎不是大家所想的「不認真」。

## 5.7 根據「玩」的元素，引導運動員重拾動機

　　不少游泳教練告訴我，他們的泳隊成員大多數在升中後便放棄游泳訓練，這離不開升中後學業繁重、無法花額外時間訓練等原因。除此之外，我相信還有其他導致運動員不繼續游泳的原因，包括已經就讀心儀中學（算是目標達成）、游泳訓練重複性高（覺得乏味）、團隊運動更好玩（聯繫感較高）。教練問，他該用甚麼方法挽留他們？

　　亦有體育老師跟我說，校隊本來就不夠人，只能以各種威逼利誘的方式讓學生入隊，但因為部分學生本身的底子不好，難以與其他學校競爭。他問，究竟有甚麼方法激勵他們更勤快地出席訓練呢？

　　以上個案雖然不同，但兩個例子都跟動力有聯繫。

### 1. 了解運動員參與運動的多樣動機，然後才進行介入

　　每位運動員都會有各種參與和退出運動的理由，很少源於單一動機。教練可以透過仔細觀察運動員訓練時的表現，或是跟運動員進行交流和討論，找出他們參與該運動的不同原因，以及對訓練的期望，並將答案對應到Visek提出的4個玩樂類別或11個玩樂層面上，甚至是簡單得像選擇題一樣，運動員可以參考圖5.4，並在選擇旁邊打勾：

| 為甚麼你會參與運動？ | 為甚麼你會退出運動？ |
| --- | --- |
| ● 學習新技能 ✓ | ● 技術不夠好 |
| ● 喜歡隊友 | ● 缺乏趣味 |
| ● 健康理由 | ● 缺乏歸屬感 ✓ |
| ● 訓練和比賽帶來的刺激 | ● 缺乏挑戰自己的機會 |
| ● 比賽帶來的挑戰 | ● 不夠刺激 ✓ |
| ● 喜歡球會隊衣 ✓ | ● 不喜歡教學方法 |

圖5.4 調查青年參與和退出運動之原因的問卷範例

　　漸漸，你就會了解自己所營造的環境，是否最適合旗下的運動員。然後，你可以嘗試於不同的訓練情境裡進行配對，加插更多他們認為好玩的元素，以提升及保持他們的運動投入度。如能夠迎合運動員的不同需要，運動員會感到被重視，才會覺得自己留下來有價值。

### 2. 了解運動員不參與運動的多樣動機作參考

　　當運動員選擇退出運動，教練可以嘗試了解運動員的決定與去向。

● 運動員是否對其他運動產生興趣？

● 運動員是否有參與退出的決定，還是不自願退出（包括受傷、被隊友欺負、篩選結果而致）？

● 退出運動後，取而代之的活動會是甚麼？

　　根據運動員的回應，教練可以判斷運動員的退出是「合理」（例如運動員認為參加足球比田徑有趣），還是「不合理」（運動員因被隊友欺負而感到惆悵，以後不想再參與任何運動等）。而最後一點，主要圍繞運動員是否有充足

心理準備去迎接沒有運動的生活，以及確保他對未來沒有運動的生活有多一點概念。

教練未必有能力去改變運動員退出的決定，但他有能力去改變團隊氛圍，提升現役運動員的參與度。

### 3. 改變練習的內容和次序，將多元訓練融入日常計劃中

運動員面對重複性高的訓練，難免會感到乏味和無聊，單調及重複的訓練對他們長遠來說沒有幫助。教練應適時改變訓練內容和次序，例如足球教練在季前練習時可安排足球員每次踢不同位置（季初前兩週當然要運動員回到最擅長的位置），讓他們體驗和處理不同位置上的要求。此方法除了刺激運動員的大腦，還有兩大好處：一、讓他們對運動有更深入和全面的理解；二、會珍惜、體諒和欣賞隊友在不同位置的付出和努力。

心理學最近比較流行遊戲化教學（gamification of learning）。遊戲化，泛指在非遊戲的領域採用遊戲的方法，提升我們對該事物的趣味性。在運動領域上，一些考驗反應的數位遊戲，就是將提升專注力的訓練遊戲化。針對訓練的潛在乏味問題，教練可以考慮在訓練裡增加遊戲，從而提升訓練的挑戰、互動和樂趣。不過，任教小孩的教練應特別留意加插的遊戲會否過於側重於競爭（見第六章〈青年運動：從玩樂到競賽〉），這樣對心智還未成熟的小孩未必百利而無一害。

**運動心理學 2** ——除了運動員，你還是誰？

# 5.8 回到「自我決定理論」，提升內在動機

## 1. 提升自主感

**運動員篇：尋找喜歡及適合自己的運動方式**

　　運動員希望提升自己在運動層面上的自主感，就要作出符合個人價值和目標的獨立決定，而不是受到外在力量的脅迫才做運動。而首要條件，就是按照個人喜歡的方式、步伐及興趣體驗運動的本質。

　　個性比較內向、不想加入任何團隊，但又很想透過運動去挑戰自己的運動員，可以選擇攀石或滑板之類的個人運動。當然，這個決定是運動員經過深思熟慮、做過網上搜尋發現符合自己對運動的看法，才能提升自主感。

　　如對審美運動感興趣的，可以參與舞蹈、花樣滑冰等運動，激發創新和創作性思維。這會令運動員感受到自己的喜好、行為、需求和動機四方面都是一致的，自主感會因而提升。

**教練和家長篇：徵求運動員意見，讓他感覺被重視。有選擇權，才會提升責任感和對運動的執著**

　　家長讓孩子參與運動的決策並承擔責任，可增強他們對於訓練的掌控感，從而提升自主感。就算孩子年紀小，也可以給他們選擇權，這不等於給孩子毫無限度的選項。你需要幫忙的，是協助孩子學習尋找和分析資訊，然後才做決定，而他做的決定是可以在特定時間後改變的。例如，孩子堅持要打欖球，就算你認為他大部分時間也是三分鐘熱度，你就跟他在學欖球的時間方面達成共識：「如果你想打，就要堅持起碼3個月。」3個月

197

的時間，讓孩子負起這個責任，時間過了，你們就一起回顧他對欖球的熱誠，可以選擇繼續和離開。這樣，他會覺得想法被重視了，同時也學會肩負重任的價值。

教練方面，對著年紀較大的運動員，可以讓他們協助制定訓練計劃；對著年紀較小的運動員，如他們無法參與計劃一部分，你可以邀請他們給予建議，例如隊服的顏色，或是設計訓練後自由活動的環節等，令他們覺得自己的意見受重視。

有教練曾跟我說：「甚麼東西都讓運動員選擇的話，訓練就會變得混亂！」教練認為這是自討苦吃的做法。

就算給予運動員選擇權，教練也可以沿用既定的訓練內容和規則，建立系統化的訓練。比方說，在不造成任何危險的情況下，健身教練可以於訓練前給學員選擇訓練動作、負重、強度、訓練次序等。

那為何要訓練開始前給予他們選擇呢？如運動員在訓練中途才向教練提出其他替代方案，那只是一種訓練上的修改，不是選擇，兩者是有分別的。當我們可以自由選擇不同方法去訓練，我們同時也在思考和檢討自己的訓練方法，可以刺激思維，提升對訓練的擁有權（ownership）和自主權，也是對自己負責任的一種態度，這才能提升運動員的自主感。

我認識一位喜歡讓運動員參與訓練計劃的游泳教練，有次集訓期間，他將所有泳員分組自行設計一個5,000至6,000米的訓練計劃，且要考慮到主攻長距離、中距離和短距離的泳手，之後再讓各泳員選擇自己喜歡的訓練並於當日內完成。給予運動員選擇訓練計劃的權利，不但提升了當日訓練的趣味性，還令他們享受到自主性。運動員跟教練一起分擔工作，自己也不用那麼辛苦，能達到雙贏效果。

身為教練或家長的你，可以先審視現在給予運動員的參與度和選擇權。平日，你會給予機會讓他們分享自己的想法或意見嗎？此外，你有沒有提供一個有心理安全感的環境（見第七章〈建立更強大的運動團隊〉）讓他

運動心理學 **2** ——除了運動員，你還是誰？

們表達自己意見和選擇？

## 2. 提升勝任感

### 運動員篇：發揮強項至極致

　　每次比賽結束後，我到觀眾席跟運動員會合，他們都習慣跟教練聊一些比賽中可以做得更好的地方。我已在第二章〈完美主義、疼痛與傷患〉提過，糾正本質上沒錯，但除了改進弱項，你也要知道自己的強項在哪，並進一步了解剛才比賽表現不錯的地方。

　　這樣檢討比賽的方法，才能讓運動員有一種勝任運動項目的感覺，而不是執著於改良弱項，最終使所有技術都在半桶水的水平。長遠來說，運動員能夠「周身刀」固然好，但短期提升勝任感（及自信心）的方法，是將強項變為無人能及的優勢。將你較鋒利的那把刀磨練成你的武器，不是比做個不停檢討自己弱項的運動員更好嗎？

### 教練篇：提供正面回饋

　　無可否認，成功的運動體驗可增強運動員對個人能力和技術上的信心。假如籃球教練招募了一群小學生打籃球，他不會期望小學生第一次就能成功投籃。理想的做法是先將籃板高度下調，鼓勵小學生學會基本投籃技巧，提升投籃命中次數，這才能建立小學生對投籃的信心。

　　何為正面回饋？正面回饋不是胡亂説一些讚美的説話，而是在對的時間，説具體的話。前文提及不宜將獎勵與表現掛鈎，一個較有效的方法是在運動員進行特定行為和技術後，立刻給予正面評價或鼓勵，才能增加回饋的資訊價值。教練可以在運動員正確執行戰術、展現良好的體育精神、幫助其他隊友或掌握新技能後向他們傳遞與個人能力有關的資訊，提升運動員自信。

### 教練篇：提供正面比賽體驗

「比賽輸多了，心理就變強大！」我曾聽某教練說。

這句話，好像有點不合邏輯。難道在奧運排榜尾的國家選手心理就最強大，最有動力去參賽嗎？

比賽結果，往往是運動員最重視的回饋。根據比賽結果可能會對自身的技術有既定想法，所以跟誰作賽會影響運動員的動力。

如教練能選擇跟誰作賽，他應該不會經常讓自己的球隊處於劣勢，每次只跟比自己強的球隊作賽。贏輸比例相若，運動員才會意識到比賽是一種測試個人水平、增強競爭力的方法和途徑，從而有足夠信心及動力去鑽研運動。

所以，教練找其他隊伍進行友誼賽前，除了考慮其他比賽隊伍的水平外，每次比賽前都要給運動員設定過程目標，令運動員知道就算教練在乎表現和結果，但達到結果的過程和方法更為重要。

### 教練篇：設定切合實際的績效目標，照顧每一位運動員的需要

教練的其中一個挑戰，是面對隊內成員能力參差的情況並求得平衡。現實世界裡，每人的動機都不太一樣，教練需要接受事實——不是每個運動員都追求進步的。

教練懂得因材施教之餘，亦需要因應運動員參與運動的原因而共同設定目標。追求進步的運動員，可以偏向設定戰術及技術上的過程目標；追求健康的運動員，可以設定體重或是肌肉量的過程目標；追求社交體驗的運動員，可以邀請隊長或團隊裡的社交領導者(見第七章〈建立更強大的運動團隊〉)主動接觸他們，把新舊隊友距離拉近。想了解更多目標設定策略，見前作《運動心理學——建立自信，盡展所長》第二章第一節。

運動心理學 **2** ——除了運動員，你還是誰？

## 3. 提升聯繫感

### 教練篇：跟運動員交流，重質又重量

曾有游泳運動員跟我說：「教練不理我，每天都把我放在最遠的泳道⋯⋯我想，他現在這麼多運動員，應該連我主項是甚麼都忘記了。」身為教練的你，即使學員數量將近半百，難以逐一深入交流，但哪怕是打個招呼，或是閒聊兩分鐘，至少每週與每位運動員進行固定交流，也能提升他們的聯繫感。

### 教練篇：綽號（「花名」）的力量

綽號一般帶有刻薄、諷刺或嘲笑成分，我們通常會避免使用綽號稱呼學員。然而，把運動員擅長的事改成綽號，反而會增強他們對於自身優勢的自信心，令他們得到心理安全感（見第七章〈建立更強大的運動團隊〉），並加強球隊成員的聯繫感。例如，我認識一位10歲的舞蹈員Flora，她柔韌性很高，我每次跟她打招呼都會叫她「Flexible Flora」。數年後我再一次因工作遇到她，她透露從前覺得自己甚麼都做不好，但這「花名」令她印象深刻，從而認識到自己的強項。

## 4. 好好分配團隊每個角色

從教練角度來看，比賽成績當然是他們關注的重點，所以教練通常比較關注正選球員，對後備球員的照顧欠奉。

第七章〈建立更強大的運動團隊〉有關團隊角色的內容，說明了後備球員的角色，他們除了坐在場邊拍手支持正選球員之外，還可以擔當其他較「獨特」的角色。一些經驗豐富或年齡較大的運動員，即使無法當正選，也可以擔當一個鼓勵正選球員的角色，或者當正選球員情緒不穩或成績落後的時候，成為穩定軍心、重整旗鼓的重要支柱。

此外，其他後備球員亦可以扮演社交上的領導者，協助球員之間建立

友好關係，通過一些社交活動加強球隊凝聚力，減少隊員之間的隔閡。這些角色可以由教練來識別及編配，以提高球員的凝聚力。

動力，靠人和環境之間的互動形成。動力不是單憑甚麼意志力、硬著頭皮奮不顧身去做事，也不是透過威逼利誘的方式驅使自己完成任務，因為只有做自己快樂的事，大家才會用心做。從今以後，希望大家也找到適合自己的方法，推動自己和他人去更高層次吧。

運動心理學 **2** ——除了運動員，你還是誰？

## Take Home Messages

1. 根據自我決定理論，動機是一個連續體，由外在到內在動機。我們可以靠外在因素完成任務，也可以靠內在因素完成任務。

2. 長期依賴外在動機並不可靠。只有透過提升我們的基本心理需求，包括自主性、聯繫感和勝任感，才能提升內在動力。

3. 運動員的內在動力除了依賴基本心理需求，也依賴身處的環境和社會支援。能夠帶來正面影響的環境和社會支援，全靠身邊的人（家長、教練、運動屬會等）營造出來。

4. 獎勵對運動員內在動機的影響，視乎運動員對獎勵的看法，可以是控制性質，也可以是資訊性質。

5. 選擇適合的榜樣或參考對象，有助我們抵消「比較」帶來的傷害，從而培養一種專注於成長的心態。

6. 多年的研究顯示，「玩」在提升動力方面經常排榜首，是影響運動員持續參與或退出的重要因素。

7. 教練可以了解運動員的參與動機，適時進行介入，才能引導運動員提升內在動力。

以下哪些選項可以持續提升運動員動力？

1. 獎罰分明，例如給予獎盃作為獎勵，或以掌上壓作為懲罰，從而提升體能。

2. 讓運動員參與訓練計劃。

3. 著重言語上的鼓勵，讓每位運動員了解他在團隊裡的角色。

A. 1 & 2　　　　C. 2 & 3

B. 1 & 3　　　　D. 以上皆是

你是一名運動愛好者，試根據「自我決定理論」，列出三種提升自己動力的方法。

- 
- 
- 

運動心理學 **2** ——除了運動員，你還是誰？

假設你是一名青年籃球教練。近日，你其中一名小將決定退出籃球隊。你雖然感到沮喪，但也尊重他與父母的決定。你接下來會用甚麼對策，提升現役球隊成員的體驗？

- 

- 

- 

## 參考答案：

◎練習1：C

◎練習2：

　　（如有進行比賽）賽後檢討，把自己做得好的地方寫下來、設立比賽裡的過程目標、挑選一樣跟自己喜好、行為、需求和動機四方面都是一致的運動等。

◎練習3：

　　提供多元訓練、提供正面比賽體驗、增加運動員在團隊裡的責任等。

# 第6章

## 青年運動：
## 從玩樂到競賽

現代做父母的，總是希望子女有多樣的發展，除了琴棋書畫樣樣懂，連運動也不止學一種。

我認識的運動員家長當中，有的單純喜歡運動而認為子女應參與其中；有的認為多做運動有益身心而鼓勵子女參與；有的是前運動員，希望子女可以跟他們一樣熱愛運動及了解運動背後的真諦；也有的看到子女在學業成績方面較平庸，希望他們靠出色的運動表現考進大學或以運動維生。運動有益身心不在話下，無論家長想法如何，子女從小報讀運動班的現象已成常態。在香港，稍微有經濟能力的家長，都會把子女的時間表填得密密麻麻。然而，升中對每個孩子來說都是一大挑戰，為預留更多時間在學業方面，這時候家長和子女會開始取捨，就連做運動都要「精簡」──原本一週裡會學習不同的運動項目，為應付繁重學業可能只會去游泳。可見，有針對性地做運動不單是為了保持身體健康，也可能是為了達致其他目的，包括為學校爭光、為未來升學鋪路等。

「升中後功課繁重，每星期打4天網球已經夠忙了，加上要補習，根本沒有時間做其他運動。我認為到這個年紀玩一項運動已經足夠，這也算是教曉孩子堅持做好一件事、永不放棄的道理嘛。」某家長曾跟我分享道。

放棄其他運動的確是情勢所迫的決定，如子女想在一項運動中做出一點

成績，就要投放更多時間去訓練，繼而養成「永不放棄」的運動員特質。

　　「學校老師說她很有潛質，可以代表學校參賽。反正女兒學業成績不算突出，不如投放更多時間練劍（擊）。劍擊表現好的話，說不定會獲得大學的取錄資格，那麼我就能放下心頭大石。」另一位媽媽諮詢後不禁跟我討論起來。

　　這位媽媽當然認為孩子必須升讀大學，能以運動成績被取錄當然是最好不過，這樣她就不用擔心女兒的成績未能達到入學標準了。

　　又有另一位爸爸跟我說：「田徑教練不鼓勵他去打籃球，怕他受傷影響日常訓練。他雖然喜歡小息時跟同學在學校操場較量，放學我也讓他跟朋友打街場，但他心底裡很怕教練會知道，到後來就不敢再去。」

　　聽完爸爸的解說，我不知教練是真的擔心他會受傷還是別有用心。我也依稀記得小時候曾聽過乒乓球教練跟我說：「你不要打羽毛球好了，因為握拍方法不一樣，很容易扭傷手腕的。」（從此以後，我再也沒有練羽毛球了。）

　　以上三位家長的心聲，加上各種本地環境及社會因素的影響，反映出家長替子女選擇運動的趨勢——子女普遍到了特定年紀就會作出取捨，只專注於一項運動以爭取更卓越的表現。

# 6.1 運動早期專項化

　　至今，雖然香港沒有任何運動專項化的研究，但外國有不少文獻可供參考，如要進行簡單比較，香港其實也存在類似的趨勢。

　　我差不多每天的工作都圍繞著學生運動員，看過不少真實例子。早期運動專項化的形成，除了有前文提及的因素，還存在兩大原因：

## 1. 孩子越早熟習一項運動，越容易成為精英

　　眾所周知，香港的孩子不缺功課、補習和興趣班，同時又要面對學業、社交和其他活動上的壓力。升中後學業繁重是鐵一般的事實，家長認為子女沒有足夠時間去兼顧多種運動項目或活動，順理成章把多餘的課外活動刪除，以節省他們的時間和精力。此外，家長普遍認為專精一項總比「周身刀冇張利」來得實際。

　　孩子的壓力也可能來自學校、體育老師或教練。我曾聽聞某校為了不給別人一種「死讀書」的觀感，開展了一個項目栽培學生的運動技能，提高奪取獎牌的機會，卻間接造就了早日專項化的情況。而本地和外國大學普遍喜歡招攬學生運動員，學生可以依靠運動成績來報讀更高水平的大學，所以越早成為專項運動中的精英，對學生運動員來說有更高保障。

## 2. 被自己感到擅長的事物所吸引

　　孩子對個人能力的感知會因為成長和競爭的增加而產生變化。隨著

他們累積了一定經驗，以及技能上得到提升，他們開始對自己的能力有更清晰的認知，更容易被自己擅長的事物吸引，因為這令他們更有自信和動力。舉例說，我的田徑成績比游泳和足球的成績更出色，我會寧願鑽研田徑，放棄游泳和足球。

因此，當孩子發現自己並不擅長某個運動項目時，一般難以享受其中，因而會選擇退出，轉而專注於自己較享受和擅長的運動。同時，家長固然希望子女能夠成為更成功的運動員，但他們對於「成功」的定義可能會給子女帶來很大的壓力。如子女在某個運動上無法取得「成功」，家長往往會鼓勵他們轉向自己擅長的領域，無謂浪費時間在難以「成功」的項目上。

「贏在起跑線」的風氣的確甚囂塵上了好一陣子，在運動發展上也毫不例外，導致運動早期專項化（early specialization in sport）好像變得理所當然。根據國際奧委會2015年有關青年體育發展的聲明，12歲或以下的小朋友如一年內有超過8個月專注訓練一項運動，就會被視為「早期運動專項化」。早期運動專項化，顧名思義就是集中於一項運動的培訓，並在該項運動追求卓越，希望達到更高的運動表現。根據小朋友訓練的時間及參與運動的數量，可以再細分成不同程度的專項化。例如小朋友每週花6至8小時接觸一項運動，屬於「高度專項化」；每週花10小時接觸兩項運動，屬「中度專項化」等。

1993年，運動學家Ericsson、Krampe和Tesch-Röemer發表了一篇名為〈針對性練習在獲得專家級表現的作用〉（"The Role of Deliberate Practice in the Acquisition of Expert Performance"）的文獻，當中提及我們要達到所謂「專家級表現」（expert performance）需要一定的訓練時數。透過分析數據，學者認為達到專家級標準可以用足球員參加英超，或跳水運動員參加奧運會等指標來判斷。他們指出這種表現能力與基因沒有直接關係，而是受練習次數及質量的影響。三位學者一致認為，一般人需要至少10,000小時的「針對性練習」（deliberate practice），也就是特別針對該項運動所需的特質和技術進行練習，才會「成功」。

文獻引起極大迴響，亦引起各方質疑它的科學根據和實驗設計。質疑的一方表示當中的疑點眾多，包括評估或衡量一位運動員高水平表現的方式，又如文獻只著重研究練習方式而不是教練的施教方式、家長的培養或遺傳基因等。專家一直為此爭論不休，但也有人看到10,000小時的具體數據就盲目跟風，堅信要成為頂尖運動員，就必須投放大量時間練習。屈指一算，10,000小時的「針對性練習」需要大概10年時間才能完成，而社會上也慢慢衍生出「希望早點有好成績，就必須早點開始」的風氣。

　　再看看一些驚人的數字：

1. 早期運動專項化的現象雖然整體上有增加的趨勢，但差不多70%從小專項化的小朋友會於13歲前退出運動；

2. 只有3.3%至11.3%的高中運動員於升讀大學後能參與美國國家大學體育協會（NCAA）級別的比賽，當中只有1%的學生獲得運動獎學金；

3. 高中運動員最終成為全職運動員的比率，僅佔0.03%至0.5%。

　　以上統計顯示，就算提早讓小朋友投入專項運動，也不一定保證後期能成為精英運動員。而我亦經常被教練家長問道：「既然每天時間有限，早期專項化，其實有甚麼不好？在個人發展層面上，到底甚麼年紀才算過早？甚麼年紀才算適合？」

　　我就嘗試於本章回應吧。

運動心理學 2 ——除了運動員，你還是誰？

## 6.2　兒童與青少年在運動早期專項化上的身心發展

運動早期專項化，就是要提早辨別兒童在運動方面的潛在才能，並進行特定運動項目的系統性基礎訓練。然而，當中牽涉兒童的認知、體格和社交發展，以及三者之間的相互作用等。

先賣個關子，每個孩子的身心發展進度都是獨特的，我無法界定運動專項化的特定年齡。不過，我們要先對兒童身心發展過程有一定認識，才能深入了解早期專項化面臨的挑戰。

| | 兒童階段（5 至 10 歲） | 青年階段（11 至 18 歲） |
|---|---|---|
| 認知發展 | ●兒童以非常具體的方式思考問題，不具備抽象或假設的推理能力。5歲的足球員能理解簡單的指令，例如踢球、跟著球走等，但無法理解為何在某些情況下需要蹲守在自己的位置等複雜情況。<br><br>●7至8歲兒童的思考能力變得更成熟，有能力憶述比賽的情況，但在評估個人技術和訓練效果等方面的能力仍然有限。 | ●主要研究青年運動員情緒的英國學者Adam Nicholls發現兒童以專注完成手頭上的任務為主，較少理會他人；踏入青春期後，他們才有能力區分「努力」和「能力」，了解有能力的人就算不付出100%努力，亦可以因為其他原因，如天賦、環境配合等因素勝出。<br><br>●青少年對自己和他人情緒上的了解會漸趨成熟，懂得留意和顧及隊友和教練的心情，明白個人在運動場內外的行為會影響到其他人，亦會考慮長遠的後果。 |

| | 兒童階段（5 至 10 歲） | 青年階段（11 至 18 歲） |
|---|---|---|
| 認知發展 | ● 7至8歲兒童尚欠缺掌握角色取替的能力，不能易地而處，所以未能充分意識到自己不參與球隊訓練會對整個球隊的互動產生怎樣的影響。他們難以理解違反運動道德行為會對比賽結果產生怎樣的連鎖效應。<br><br>● 在應對運動場上的挑戰的同時，7至8歲兒童還在嘗試區分努力、運氣和技能等模糊概念之間的差異；如有兒童在比賽拿到冠軍，他們會認為拿冠軍的兒童一定盡了最大努力才能獲勝，不像成年人明白到努力和成功不一定成正比。 | |
| 社交發展 | ● 兒童會透過不同的活動和訓練，學會各式各樣的社交技能，例如協調團體動態、與他人合作和妥協、認識和回應他人的感受、分享和表達感情、處理衝突和遵守規則等。<br><br>● 兒童參與運動時能夠分組合作，例如一同把球由球場一方送到另一方；或是訓練結束後讓他們表達對訓練的感受等，盡可能增加他們社交發展的機會。<br><br>● 越多共同合作、越少競爭元素的活動，比較適合此階段的兒童發展。 | ● 青少年會透過父母給予的回饋，以及與朋友、隊友的比較，學習看待自己在運動上的能力。<br><br>● 他們開始學會從他人的角度觀看問題，並透過與不同社會媒介（如家人和同學）的互動，獲悉自己的能力和自尊心。<br><br>● 他們渴望得到團體的接納，以滿足歸屬感的需要。這也能解釋青少年為何會因為朋友退出運動繼而選擇退出。 |

運動心理學 2 ——除了運動員，你還是誰？

| | **兒童階段（5 至 10 歲）** | **青年階段（11 至 18 歲）** |
|---|---|---|
| 體格發展 | ● 6至10歲的兒童開始學會肌動技能。肌動技能是運動技能學習（motor learning）的重要一環，解鎖此技能後，大腦、肌肉和神經系統能同時間無縫合作，協調能力得以提高，運動時會更得心應手。肌動技能主要分為兩種：粗大／基本肌動技能（gross motor skill）及精細肌動技能（fine motor skill）。<br><br>● 走路、跳躍和爬行等，被視為粗大肌動技能；彈鋼琴、射擊、下棋等涉及手腕、手、手指、腳和腳趾的小動作，則被視為精細肌動技能。<br><br>● 兒童於此階段是建立身體機能的黃金時間，所以運動主要圍繞發展以上運動技能（跑、跳、擲）即可。 | ● 發育時期身體開始產生變化，生理漸趨成熟。<br><br>**女孩子：**<br><br>● 青春期一般發生於9至14歲之間，身高、體重會增加，體形變得比較渾圓，乳房開始發育，臀部積聚脂肪及變寬。<br><br>● 發育時期容易被人刻意標籤，因為「女性化」等因素而令運動能力下降，有可能影響到女孩在參與運動方面的動力和自信心。<br><br>**男孩子：**<br><br>● 青春期在11至16歲之間，身高、體重增加，身體越來越結實，骨骼和肌肉發達，肩膊變寬。<br><br>● 由於身高和力量突然提升不少，對男孩在運動中的速度和力量有很大幫助，增加了他們在運動訓練和比賽方面的信心。 |

表6.1 兒童及青年階段在認知、社交及體格發展的特質

　　我曾接觸一位年僅11歲的風帆運動員，她推門進來時一臉睡眼惺忪。媽媽説，年紀輕輕的她已經表現優秀，她們尊重教練的指示，推掉其他運動，為的就是集中精力投入訓練，希望成為第二位李麗珊。教練很快便安排她與年長運動員一起訓練，可是晉升後，她的動力每況愈下。對話後，我才得知由於年長的運動員不怎麼與她交流，她也無法得到訓練同伴的接納，晉升後社交體驗和發展驟降。

　　媽媽問：「你看她多累，是因為體能訓練過度令她疲倦乏力嗎？」打後的對話真的要看筆記才記起，但我當時認為導致她無法在風帆中享受樂趣的主因，並不單是過度訓練，而是新環境根本沒有提供任何社交機會給她。

### 缺乏社交體驗

　　雖然早期專項化意味著兒童把大部分時間投放到一種運動，訓練時長時間與同一群人相處，理論上可以增長友誼，但同時亦會造就單一身份認同（見第四章〈除了運動員，你還是誰？〉）、社交圈子變得狹窄等問題。此外，他們跟同班同學或同齡的小朋友接觸的機會不多，會欠缺參加其他活動帶來的社交體驗。

### 無法享受全面的運動體驗

　　單一的運動參與，使兒童接觸其他運動的機會減少，令他們無法體驗其他運動的樂趣。這也會抹殺他們在其他運動上的潛能。

### 倦怠的機率增加

　　日復一日的訓練可以變得沉悶，專注於一項運動會增加兒童渴望成功的壓力，導致小孩身心疲累，較容易引致過度訓練及產生倦怠。

### 受傷風險上升

　　運動早期專項化確實有可能令兒童較早達至高水平，在時間上取得優勢；然而，尤其在身體還未發育之前便開始專項化訓練，提升肌肉量和力量時可能會出現過度使用肌肉的情況，引致後期發育不夠全面，或是容易

造成肌肉勞損，增加受傷風險。若受傷情況頻密，運動員或會萌生提前退役的念頭。

### 轉投另一項運動的意慾大減

由於小時候沒有機會接受其他運動體驗，青春期一旦發現專項運動不適合自己，想轉投另一個項目會有一定困難。加上其他同齡的人已對該項運動有一定程度的認識，於技術層面上難免產生「輸在起跑線」的想法，因而抗拒轉投新環境。

綜合以上影響，早期專項化最終可能會令運動員提不起勁參與訓練和比賽。

# 6.3 美國發展模型

　　為了正視兒童運動早期專項化的問題，以及向大眾灌輸運動發展和後期專項化的好處，美國奧委會與不同國家理事機構於90年代共同創立了長遠發展模型(Long Term Development Model)，並於2014年推出改良版並更名為美國發展模型(American Development Model)，提出了五個運動學習階段。

| 第五階段：<br>終身 | 指導後輩、展現自己最高水平的一面 |
| --- | --- |
| 第四階段：<br>15歲或以上 | 精進表現、參加比賽與吸取經驗 |
| 第三階段：<br>13至19歲 | 訓練和競爭 |
| 第二階段：<br>10至16歲 | 發展和挑戰 |
| 第一階段：<br>0至12歲 | 探索、學習和玩樂 |

圖6.1 美國發展模型的五個學習階段

運動心理學 2 ——除了運動員，你還是誰？

美國運動醫學會（American Medical Society for Sports Medicine）就著模型提出了幾項針對專項化的建議：

1. 如運動項目要求兒童較早期專項化（體操、跳水等），教練必須更加注意訓練內容帶來的趣味性。訓練內容需要同時兼備遊戲與訓練元素，令小孩從訓練中得到快樂的體驗。

2. 每星期至少提供1至2天較輕鬆的訓練，不要過於有系統性，這有助兒童適應運動訓練。另外，偶爾提供另類的活動（如使用不同大肌肉訓練的運動）和更多元的體驗，有助他們把專注力放在其他事情上，減低對專項訓練的潛在倦怠。

3. 每年至少有2個月休息時間，讓小孩暫時離開有系統性的訓練。休息期間，鼓勵兒童參與交叉訓練（cross-training），讓他們嘗試以其他不同的運動調劑狀態，同時學習不同的運動技能。休息時間可以是連續的（例如連續數個禮拜），也可以間歇的（例如每5個星期的訓練就休息1個星期）。

4. 協助兒童充分發展其運動專項上的技術，同時不能盲目追隨比賽和勝利。

對於上述的第四點「不能盲目追隨比賽和勝利」，我知道並不是能一下子改變的觀念，因為它是歷史遺留下來的問題，後期甚至變成社會趨勢。在此，我們不得不翻看美國史，了解競技運動如何在不同社區內誕生。

## 競技運動先於中產家庭的社區浮現

二次世界大戰後，美國中上階層的兒童之間充斥著提升競爭力及向上流動的氣氛，這股風潮令那些經濟能力稍遜、負擔不起運動訓練或運動耍樂的人漸漸被社會淘汰，同時使少年棒球聯盟（Little League Baseball）等給兒童參與競技運動的球會應運而生。由於學習各項競技運動均需要支付費

用，父母固然要外出工作養活孩子，為了令孩子得到更全面的照顧，放學後把孩子送去參與由大人看管的群體活動，就是最佳方法。久而久之，來自中產家庭的兒童的課餘時間會被安排參與各式各樣的集體活動。群體運動訓練後來變得越來越受歡迎，競技水平也因而提升。

## 不比賽，問題就解決了？

在香港，我們也看到類似的現象。中產家庭的父母均需要出外打拼，當然就是為了提供最舒適的環境給孩子，除了學業上的發展，也提供機會讓他們參與不同活動。這種現象是否由香港的發展史衍生出來，暫未有人揭曉；但參與比賽似乎也是孩子必經之路。

應否讓小孩參與比賽的爭論一直沒有停下來。這令我回想起大約5年前，加拿大廣播公司的一個電視節目 *This is That*，曾製作一段有關競爭和比賽的諷刺喜劇，當中捏造出一項名為「ball-less soccer」（沒有球的足球）的新型運動，以此諷刺社會上某些極端想法。正如節目中，有部分「家長」（即節目演員）認為過分競爭性的環境會帶來不良後果，而競爭（即足球比賽）會深化不良社交技巧和行為，自我認同感減弱。

為道出比賽的負面影響，片段中的「教練」刻意在「球員」參與足球訓練和比賽時拿走足球，結果看到的，就是一群小孩對著空氣一直踢。「教練」還刪走計分的概念，所以每節訓練後兩邊隊伍均沒有輸贏之分。最可笑的是，他會跑來跑去跟隨著「幻想中的足球」，而所有「球員」都可以自由地演繹到底入球與否。

在球場邊觀看的「家長」對訓練安排的反應更令我哭笑不得，他們在訪問中認為競爭既殘酷又無情，對青年發展不利；加上子女成年後必須生活在充滿競爭的社會中，因此在未成年的階段應避免參與比賽，好好享受運動的樂趣。不計分，沒有足球，就不會出現種種青年需要面對的問題了。

運動心理學 **2** ——除了運動員，你還是誰？

　　電視節目只是一個茶餘飯後的笑話，我們深知比賽是無法避免的，本書第一章〈深入認識運動心理學〉提及競爭是一個必經的階段，並沒有好壞之分。既然比賽一直存在於我們的生活中，那倒不如好好了解準備參與比賽的條件，好好享受比賽過程。

　　掃描QR code，看看這場「ball-less soccer」（沒有球的足球）的比賽吧！

# 6.4 你準備好比賽了嗎？

　　我最近看得和聽得較多的，是本地兒童比賽中的平衡車騎行賽。戴著頭盔的3、4歲小朋友到新界比賽的照片屢見不鮮，而家長的說法大致有兩種：一、去去比賽就當玩吧，輸贏沒所謂的；二、這能激勵子女練習，有比賽才會有目標，這樣才能解鎖技能。從邏輯上看，上述兩點都沒有錯，比賽當然可以當練習一樣玩，而且設定和實現目標能激發一個人的積極性，這無可否認會提升小孩的學習動力。

　　然而，參與比賽有其複雜之處，並不是小孩參加比賽的次數增加，他們就會明瞭家長的動機和比賽的意義。我遇過一名16歲港青運動員，她從小到大參加過無數本地和海外比賽，想必累積了豐富的比賽經驗，對勝負得失也能夠以平常心面對吧？事實卻是她一直「輸不起」，就算累積了無數次比賽經驗，她的心情同樣是大起大落。所以說，單靠累積比賽經驗並不足夠，她需要的，是反思她在比賽中學到的東西，了解壓力來源，學會心理技巧，並在壓力底下運用技巧發揮個人所長。

　　說到適合讓孩子了解比賽的年紀，7至12歲是兒童發展的重要階段，在認知、社交與生理上的發展都會有突破，能逐漸明瞭競賽的不同概念。不過，歲數只能作參考，重點是在認知、體格和心智三方面同時兼顧，這才稱得上做好準備參與競技比賽。

## 認知上的準備

　　兒童於運動方面的認知發展大致可以分為三個階段，當孩子達至階段三，才算是充分做好認知上的準備。

　　**階段一**：小孩一般較自我中心，只會重視自己的學習及成績，不太會關注其他人和事。他們懂得遵從簡單的指示，希望每件事都能參與其中。無論是訓練或比賽，他們習慣以比較形式（如將對方擊敗）去衡量自己對一件事情的駕馭能力及進步空間。

　　**階段二**：因果推斷的能力提升，開始建立假設性思維，會懂得將運動策略融入「假設性」的情境。開始懂得制定長期目標。

　　**階段三**：他們能深入理解運動項目中技術及策略層面上的要求，明白隊友和對手存在的概念和意義，開始學會如何與隊友融洽相處。此外，他們開始懂得透過外界資訊去判斷自身的能力，分析比賽結果（如勝出比賽是基於運氣、努力還是團隊合作等抽象概念），評估對手實力和比賽形勢等。

## 體格上的準備

　　體格發展因人而異，而每項運動各自需要獨特的運動技能，所以較難以階段來劃分生理上的成熟程度。不過，以下是一些教練、家長和體育總會篩選運動員時應注意的事項。

　　較早熟的青年會在青春期初期就出現身體上的變化，在運動層面較有優勢，但同時在後期會遇上阻滯。

　　一個簡單例子可以說明社會規範（social norm）對青少年的影響。例如，我們普遍認為女生發育後會阻礙運動發展和表現，以體操這一類著重身形比例的運動來解釋最好不過。教練團隊們會傾向揀選年紀相對較小的

女孩子，因為體重較輕；而正值青春期的女生的機會因而減少。相反，如體育總會進行選拔賽，一些較為遲熟的青少年就會因「缺乏」適合當運動員的身體條件而被削弱入隊機會；同樣，一些早熟的運動員雖然顯得有天分，但有可能剝奪遲熟運動員發展基本技能的機會。教練團隊們若對於身體發育引起的各項改變有更深入了解，便可以更適切地為正值發育時期的青年安排各種運動訓練和挑戰，減低青少年因發育所致的問題而令自信心下降的可能。

## 心智上的成熟

踏入青春期，青少年除了透過跟父母互動了解自己之外，他們會接觸更多外來資訊，令自我認知的準確性慢慢提升。在競爭環境中，運動員之間難免會有比較，接觸多元化的資訊可以協助青少年有效地評估個人在運動上的能力，繼而對自己的優點和缺點有更深入的了解。藉著跟他人比較來評估和衡量個人能力，這種知己知彼的心態，對提升個人認知能力很有價值。

然而，我們必須引導青少年認識跟他人作比較的目的和意義。如比較只是為了提升自我優越感，而不是為了從中檢討個人表現以提升實力，長遠來說會帶來風險。此時，教練或家長就必須集中解釋過程目標的重要性（見前作《運動心理學——建立自信，盡展所長》第二章第一節），令他們明白比較的意義在於自我表現上的提升，而不是超越其他選手。

教練評估比賽對青少年的身心發展是否最恰當之餘，也要多注意他們在以上認知、體格、心智三方面的準備。「讓孩子做孩子」（"let kids be kids"）這句話我認為蠻有道理的，人一生裡會遇上無數次比賽，早一點放孩子到比賽環境不等於他會學到多一點東西，倒不如讓他們先透過非比賽的體驗了解比賽環境所需要的技巧，再做好比賽準備吧。

運動心理學 2 ——除了運動員，你還是誰？

# 6.5 運動員、家長及教練的三角關係

我常常把青春期比喻為一個「塑造個人特質」的時期。青少年在成長過程中除了身心出現一連串變化外，他們在不同環境跟各人的互動也會對成長造成一定影響。而在運動環境中，與家庭及教練的互動是不可或缺的一部分。

家長和教練一邊學習與孩子相處，一邊教導和培養孩子獨立，還要懂得處理他們在運動場上的情緒起伏，同時也要控制和調適自己的情緒起伏等，在孩子的成長過程中提供最適合的支援。

我在前作《運動心理學——建立自信，盡展所長》曾提及運動員、家庭與教練的相互關係，這裡會繼續深入探討。以下的六項建議，希望能給予各位父母和教練鼓勵、參考及方向，協助和陪伴青年人在運動和全人方面的成長。

## 家長篇：教導子女認清「比較」

我曾在一間十分重視運動表現的中學做家長工作坊。當時一位家長舉手發問：「我有兩個女兒，姊姊現在打壁球，而妹妹也嚷著要跟姊姊一起打。但是，我不想她們在家裡比較。妹妹很有運動細胞，我知道妹妹很快就會趕過姊姊，但姊姊爭勝心很強。我應該讓妹妹打壁球嗎？我只是怕姊姊會不高興。」

姊姊會不高興的情緒當然需要處理，在此暫不討論。但我比較想回應的是，在家裡避免了比較，小孩也會在其他環境跟他人比較。更何況，不

玩同一項運動也不代表沒有比較。

還記得我們從小就學習「high」（高）、「higher」（更高）、「highest」（最高）這類比較形容詞嗎？即使我們刻意避免與他人比較，人類在人群裡觀察和交流，比較就是本能反應，社會上亦難逃比較的現實。既然如此，家長從一開始就可以教導子女比較對他們造成的影響。子女應學會每個人是獨一無二的，運動天賦亦然。尊重比自己強的人，但同時也該發展自己的才能。

「但我不想輸給對手！」子女可能會跟你說。

第一章〈深入認識運動心理學〉中曾提及，「競爭」在拉丁語的意思是「共同探索和努力」。如果跟某人一起打球是有價值的，那就意味著競爭對手對我也很有價值——沒有競爭對手，就失去較量的機會。談論「競爭」是開啟有關比賽勝負和比較等話題的良機，能藉此教導子女比賽的意義和重要性。

家長不必每次都深入解釋，在適當的時候滲透一些相關的觀念就可以了。例如子女跟你在家裡看籃球比賽，你可以隨口說：「這場比賽很刺激呢，這亦是我喜歡跟別人比賽的原因之一，可以跟對方較勁，看看自己能夠發揮到哪個水平。」也許，這會引發一連串與比較相關的對話，繼而子女學會從對手身上學習，並了解對手的天賦如何成為長處。更重要的，是將討論重心帶回自己的子女身上，肯定子女的長處，並幫助他們掌握個人長處，引導他們發揮自己的優勢。

比較能推動個人發展，但重點仍在自我提升。

---

**家長篇：縱然知道早期專項化的弊病，但如果子女在年幼時已十分喜愛和投入某項運動，還說要做職業運動員，我們應否予以支持？**

一位媽媽曾跟我說：「我兒子從小已經跟我先生一樣是曼聯擁躉，夢想是要加入曼聯。我們帶他到足球學校訓練，一練就8年。他現在已12歲

了，我就是知道他根本不能踢職業的。丈夫認為我們作為父母，不應粉碎孩子的夢；但我認為做人應該現實一點，究竟我要何時告訴他這事實？」我們不需要擊碎子女的夢想，但要告訴他現實世界的情況。家長可以一邊與子女探討現實狀況，一邊鼓勵和陪伴他找出最好的決定。而這通常可以分為兩個階段：

**作出決定前：到底職業運動員何時冒起？**

子女兒時想成為Iga Swiatek、LeBron James，家長當然不要跟他們說：「做運動員？會乞食的！」而是嘗試慢慢透過更多深入的對話，了解子女的認真程度（他們有計劃嗎？），以及細心聆聽他們對職業球員的真正想法和憧憬。

若孩子的真正想法是要做職業運動員，家長需要做的，不是告訴他要現實一點，而是要跟他分析職業運動員成功路上的「標準關卡」。如孩子真的想成為美斯或拿度，那麼家長可以跟孩子進行討論，例如：究竟美斯是何時冒起的？美斯6至12歲為紐維爾隊效力，當年已經攻入近500個入球；移居西班牙後，他以16歲之齡為巴塞羅那一隊上陣作賽，是迄今為止在西甲比賽最年輕的巴塞球員。至於拿度，他16歲已在青少年單打世界排名第145位。這些標準就能作為我們的參考了。

當然，你的孩子未必一定要做世界冠軍，只是想打全職，那你同樣可以用別的職業運動員的標準、薪金等作參考。重點是，你也要同時觀察孩子在本地賽中的努力和成績。如果他在自己的年齡組別也無法打入8強，那你就得告訴他，在眾多具有參考價值的職業運動員中，他們在這個年紀已經達到某個水平了，然後再讓孩子衡量真實情況與標準的差距。

家長的角色，就是在過程中引導子女，慢慢讓他們調整及自行判斷。

**作出決定前：用數據證明成功路上不完美**

説到這裡，我想起之前跟一名11歲的網球員阿樂的諮詢。阿樂的父母為了讓阿樂圓夢，決定帶他到美國網球學校訓練。家長表示，阿樂每次比賽都一定要贏，否則心情會變差。

他們告訴我，擔心阿燊為了當職業網球員而自我要求太高。

「我們不希望他因為我們予以支持，就覺得自己在網球路上必須事事完美。就算他想成為下一位費達拿，也不代表他每一場都要表現完美，畢竟比賽有贏有輸。但似乎他左耳入右耳出，給自己超大壓力。」

第二章〈完美主義、疼痛與傷患〉提到，完美是一個目標，不是一個標準。對於初出茅廬立志要成為職業選手的子女來說，生涯開頭不順，表現不穩定，一定很難接受。假如子女告訴你，自己需要像拿度一樣「完美」，那家長可以試試跟他們討論，究竟甚麼才算完美？

我第一次跟阿燊見面，他立刻跟我說，要像拿度一樣表現完美。我們就開始在平板電腦上翻查拿度的勝率與網球數據。後來我們一同發現，拿度3歲開始打網球，19歲第一次在法國網球公開賽贏得大滿貫。我問阿燊，拿度拿到大滿貫前，場場比賽都表現完美嗎？他說：「當然不是，我認為他完美的開始就是從拿到大滿貫開始。」（完美是一個主觀判斷，所以不同孩子也會有不同定義。）根據阿燊的主觀看法，拿度足足用了16年才能成為「完美球員」，而阿燊11歲就已經抱著表現需要完美的邏輯，好像有點太嚴格了。

其他值得跟子女討論的地方，就是了解高水平的運動會帶來的體驗和挑戰。究竟職業運動員何時開始正式比賽？他們何時停學，選擇全職參與運動？前加拿大籃球員Stephen Nash率領太陽隊進入西岸決賽，成為聯賽最有價值球員，但原來他12歲前從未接觸籃球，而他將籃球變成專項前，在足球、欖球和冰球這些領域有著出色的表現。

我建議家長要跟子女多看不同職業運動員的數據，讓自己和子女加深了解不同人的運動際遇，參考別人踏上成功之路的過程。

### 在決定支持子女參加更高水平的比賽之後：表明「子女與家長」和「家長與教練」之間的關係

家長在孩子運動上的參與度有任何期望嗎？家長可以先反思自己的投

入度，再問子女同樣問題，看看大家的想法是否一致。我常聽家長說擔心自己的言語和行為會令子女感到有壓力，曾有家長分享道：「有時候我也不知道應否觀看他的比賽，這會令他感到壓力嗎？還是他會想我在現場支持他，給他打氣？」

這個問題真的沒有一個標準答案，最簡單的方法，就是直接問子女吧！有些家長會選擇擔當「司機」角色，送子女去練習就足夠；另一些家長則認為透過在看台上觀看他們比賽，並和子女一起出國，是對子女的支持。每個運動員的需求都不一樣，所以家長參與的程度取決於你與子女共同設定的界限。

家長與教練的關係也應如此。一般情況下，教練有責任與家長保持良好溝通，表達對家長的期望，以及雙方該共同決定教練在何時和以甚麼方式向家長報告子女的進展。家長也可以事先告訴子女他們與教練之間的溝通內容，令子女感覺被尊重。

隨著子女長大，父母與教練溝通上的參與度需要隨著子女的意願而作出調整。參與的程度多或少是主觀的，所以最重要還是持續跟子女進行對話，了解他們的想法，否則一不小心做多或做少了，即使家長的初衷是為子女好，還是有可能為子女帶來不必要的麻煩。

**在決定支持子女參加更高水平的比賽之後：給予子女的支援是怎樣的？**

如你願意為子女投放資源在運動上，就直接告訴他們你投資的方向和投入的程度。

### 尋找合適的全面發展課程

子女要累積更高水平的比賽經驗，可以讓他們參加有組織的訓練和培訓計劃。但究竟哪些計劃和課程才算合適？他們投入高水平的運動訓練之餘，也不能忽略其他方面的發展，所以家長需要更用心去尋找課程，找出能為子女提供全面發展的課程。

在多哈，頂尖的青少年足球學校有駐校運動心理學家提供認知和行為訓練，會重點關注運動員踏入青春期在身體上、思想上和行為上的變化，繼而衡量對訓練表現的影響；他們亦有營養師，透過攝取足夠營養讓運動員適應青春期的身心變化，減少這些變化對運動技術和表現上的影響。也許本地的體育總會現時未有具備如此豐富的資源，但高水平的教練也能擔當部分角色，或是邀請在運動領域上的專家加入訓練計劃中，協助運動員全人發展。

## 情感上的投資和參與程度的高低

家長一般都希望為子女提供最好的資源，而一旦提供經濟援助，家長的「情感投資」也會隨之而增加。有不少父母慚愧的跟我說：「其實我不想跟子女討論錢的，但學習運動真的不便宜啊，他不認真我很容易會發火！」

所以，家長在運動上不僅多了時間上的參與，還多了一份情感。這一點，家長需要時刻注意。

根據平日跟子女的溝通，你是否說得太多有關運動的話題，有時甚至比你的子女還要多？你有否過度縱容子女，剝奪他們在運動上的責任，他們忘記了帶護膝你就立刻跑回家幫他們去拿？

在情緒高漲的比賽期間，你能否好好控制自己的情緒，還是子女輸了就立刻板著臉？如果教練做了一些你不太認同的事情，你會直接和教練說，還是和子女商量後才讓他們去跟教練說？

以上問題均沒有標準答案，問題只是反映家長對子女運動的參與度和投入度。家長不妨定時檢討，並與子女共同制定一些基本規則和界線，令他們覺得被重視。

運動心理學 **2** ——除了運動員，你還是誰？

## 家長教練篇：你的行為會否與子女的表現掛鈎？

**你的關心程度取決於子女的表現嗎？**

「我總是告訴阿希，只要他盡了力就好，我不在乎結果，他也知道這一點的。」一名劍擊手的爸爸跟我說。

「我看到其他家長在場邊大喊大叫，有時還看到他們跟裁判理論。阿希輸了，我會尊重賽果，相信他的努力。在這方面，我倒是覺得我比大多數家長做得好。」他開玩笑地說。

在旁的阿希忍不住插嘴說：「那為甚麼我贏的時候，你會在車裡滔滔不絕的說話，輸掉比賽你卻默不作聲？」

原來從比賽回家的路上，被眾多青年運動員形容為「最漫長的路程」。家長一般都是在賽後向孩子嘮嘮叨叨，例如：「你本來可以做得更好」、「我感到很失望」、「我們不應再浪費金錢」等。就算阿希的爸爸有別於其他家長，原來也躲不過「踩地雷」，因為阿希發現了爸爸的反應原來跟賽果掛鈎。漸漸地，阿希感受到爸爸也非常關心他的成績。

關心的類型大致分四種：

- **無條件的負面關心**（unconditional negative regard）：運動員表現得好與壞，都不會予以關心和支持。

- **有條件的負面關心**（conditional negative regard）：運動員表現得不好，就不予以關心和支持。

- **有條件的正面關心**（conditional positive regard）：運動員表現得好，就予以關心和支持。

- **無條件的正面關心**（unconditional positive regard）：不論運動員表現得好或不好，仍然會予以關心和支持。

究竟家長對子女比賽後的「關心」，在説話上和行為上有沒有根據賽果而有所變化呢？

## 你會根據子女的表現給予他們獎勵或懲罰嗎？

有條件的教養方式最簡單直接，不需要太多思考（見第五章〈尋找運動員想進步的「那團火」〉）。曾有家長告訴我：「贏了比賽，我們一家就吃雪糕慶祝。」似乎無傷大雅，對吧？但是，如果子女每次贏了比賽才有雪糕吃，子女會慢慢了解背後意思——只有贏比賽才會有雪糕吃，所以獎勵是取決於比賽結果的，代表父母對成績有一定程度的著緊。而如果父母於比賽開首告訴孩子「輸贏不重要，你努力就好」，行為就顯得不一致。

教練也會對運動員使用同樣的獎罰制度。為激勵運動員有更好表現，有些教練喜歡用威脅，甚至帶有人生攻擊的字眼批評運動員。也許運動員會在短期內服從，但同時會讓運動員背上情緒上的包袱。長遠來説，風險有二：一、日後發表任何非威脅性言論的可信性都會下降，因為運動員習慣將你的評論視作不愉快的意見來源；二、當運動員對你的説話變得麻木，言論及獎罰就會日久失效，對他們的表現也起不了作用。

## 要改變，就要實踐無條件的正面關心，抓住子女好的面向

前作《運動心理學——建立自信，盡展所長》第五章曾提及，應抓住運動員好的面向並給予言語上的鼓勵。甚麼才算是好的面向？可以是運動員的努力、責任和投入度。努力通常較模糊，較難衡量，教練的工作就是用一種能令運動員理解衡量標準的方式來解釋和鼓勵。

舉例説，你訓練的游泳運動員能在100公尺全程保持頸部不動以減少阻力，那麼你在他完成100公尺訓練後可以口頭上鼓勵他；如你認為高爾夫球學員的後肘在80%的時間裡都能做到收在前臂下方並保持彎曲，那你就要抓緊此刻表揚他。這也是訂立過程目標的重要性（見前作《運動心理學——建立自信，盡展所長》第二章第一節）。

我相信天下父母無論發生甚麼事，在內心深處都是疼子女的，但父母

運動心理學 **2** ——除了運動員，你還是誰？

需要留意自己的行為中是否真心為子女著想，以子女的感覺為先；如果你的行為讓子女感覺到你的愛是附帶條件的，對他們來説就不是愛了。

## 家長教練篇：「對手比你弱/年輕，你不能輸」這句話，是有害的

我曾經在一本名為 *Building Consulting Skills for Sport and Performance Psychology* 的參考書參與寫作了其中一個章節——〈不要輸就好〉（"Just don't lose"）。之所以取這個名字，是因為幾乎每次在本地賽事提供臨場支援時，身旁的家長和教練都會説：「我不知道他是怎麼了，訓練時他明明可以輕鬆贏下這個對手。我一直告訴他，他不應該輸給這個對手，因為這個對手比他弱得多，經驗也不比他豐富。」

他們也會嘗試解釋：「他的運動能力更強，有潛質，經驗更豐富，我知道他能贏。我只想鼓勵運動員。」

這些話永遠也不該説出口。

運動競技的魅力在於它的不確定性。如果結果是可以預測的，那我們為甚麼還要去參加比賽呢？我們本可以根據自己的潛力權衡比賽結果，然後回家去。

其次，如果子女輸了，他除了感到內疚之外，並不會從這番話中有任何得著。

再者，這句話有其弦外之音，彷彿運動員的能力高低就能決定勝敗，既不期待任何激烈的戰鬥，也不需要付出或努力。

無論對手是誰，他的能力高低不應該影響你的比賽方式。把每個對手都當作一場戰鬥來對待，專注於自己的過程目標，這就是你每次都應該給予運動員的提醒。

### 不要把所有球星的名言當作真理

在科技發達的世界裡，世界級運動員的言論經常被引用、轉發和分享，變成青年運動員的座右銘。然而，這些言論並不總是有用的。別誤會，我是非常尊敬世界級運動員的。但我們轉發任何語錄，一般不顧前文後理。我們對子女說的話，不論是鼓勵、指導或應許，都應建立在堅實的理論基礎和實驗證實的基礎上。

Kobe Bryant曾在訪問中表示他每天凌晨4時起床訓練，那其他運動員不跟著做是否代表他們不夠「認真」呢？「成功者永不放棄」和「放棄者永遠不會贏」等名言是否意味著我們「無論如何」都要付諸實行，即使嚴重受傷也應盲目堅持下去？在分享名言之前，我們需要先了解子女對運動的想法。

譬如說，子女跟家長說想放棄已參與多年的運動，其實他早就厭倦了。你可能會鼓勵他說：「堅持下去，不要放棄，勿忘初心。」說到這裡，有否意識到當初可能是你替子女選擇運動的，他們其實並沒有所謂的「初心」？如果子女從來沒有真正愛上那項運動，只是小時候不敢拒絕而服從參加，而現在子女終於夠膽向你道出自己的想法，那麼，這根本不算「放棄」，多年來的「堅持」只是因為「聽話」。如子女參與運動多年但仍然沒有愛上那項運動，不是放棄，是「因了解而分開」。

而作為家長，是否也要找回初心，想想當時為甚麼想子女參與運動？

### 道出「放棄」跟「試了再離開」的分別

子女6歲時喜歡上一樣東西，他可以12歲時不再喜歡嗎？當然可以。

成年人找到新工作，一開始可以既雀躍又期待；然後，日子久了，深入了解工作性質或環境後，發現工作並不適合自己而變得不喜歡，也是正常的。

當然，我們要教育子女不要輕易做出放棄的決定。但家長更要做的，並不是只鼓勵子女不要放棄，而是要弄清楚子女的真正想法和感覺，然後再和子女一起做決定。

　　子女說並不享受現狀，甚至想離開運動，我們怎知道子女不享受哪一部分？

　　我們可以先在訓練時進行觀察，看看子女對運動的態度如何，然後觀察他們身處的環境。子女有否受到教練或隊友的不公平對待或虐待？是否面臨很大的比賽和訓練壓力？教練的訓練方法是否不適合子女的個性？你是否注意到有任何過勞跡象？

　　如果你發現是環境不合適，你可以跟子女解釋，並非所有環境一樣。有時候，換個教練或球會，能夠讓他們尋回訓練動機（見第五章〈尋找運動員想進步的「那團火」〉）。

　　不過，如環境無法轉換，作為家長也要接受，因為離開運動永遠是一個選擇。運動員嘗試過某種運動，但最終沒有成功或不喜歡，並不等於一個失敗或放棄者。有時候，當我們不喜歡或不享受某件事情時，最好的辦法就是將它拋在腦後，因為試了再離開，跟放棄是不一樣的。

　　家長教練要懂得分辨，選擇離開不等於放棄，而我們要跟運動員溝通，令他們明白到每件事情也有其學習的意義。

### 教練篇：如果運動員決定不再參與某項運動，避免內疚誘導

　　作為教練的你，或許不會因為運動員選擇劍擊、放棄游泳而故意放聲大罵，但運動員會觀察你的行為和反應，因為他們害怕關係不再。曾有運動員跟我說，因為決定不再投入訓練而令教練生氣，使他心感愧疚而哭泣。我還聽過一些老師因為運動員轉校，不能再代表學校參賽，決定不再

和運動員交談。

教練們，這可能是一劑難以下嚥的藥，但請接受一個事實，並非所有運動員永遠都會選擇在你的督導下訓練。例如運動員和父母可能會選擇專注學業而離開運動，有些運動員會認為另一個教練更適合自己而投靠他。曾有一名15歲的網球運動員來找我，他說決定轉教練，主要原因是新教練比現任教練更了解學生運動員和海外的升學和訓練機會。現任教練知道他決定離開，在某次訓練時對他大喊道：「如果你選擇離開，就別再回來了！」辛辛苦苦栽培了運動員，運動員卻選擇離開，究竟是否一定等於他忘本呢？這一點不能急於下結論。

反而你需要問自己，我有沒有能力執教不同性別和年齡層的運動員呢？每個教練都有他最擅長教導的目標群，可以是小孩、青少年、成人、男性或女性。如教導小孩是你的強項，那就把自己的專長好好發揮，盡心盡力去教導小孩。運動員長大後決定離開你，就該尊重他的選擇。當然，這並不代表你可以讓運動員任性妄為，讓他們來去自如，你也必須有一些「底線」，而那些底線會建構你執教理念的其中一部分（見前作《運動心理學——建立自信，盡展所長》第五章）。我想強調的是，如果一個運動員謹慎思考，並給了你一個合理的理由，那就應該「好來好去」，保持良好關係地說再見，不要讓運動員內疚。

## 我們不一定要釣大魚，但孩子的運動體驗絕對是看長線的

現時香港培育運動員的文化，鼓吹早期運動專項化，跟全球運動發展趨勢毫無二致。這現象對青少年的身心發展有利亦有弊。身為青年運動員的社會媒介（social agent），我們需要注意的，是了解子女心智、體格和認知上的發展，才能引導他們為自己的運動生涯作出最明智的決定。

在運動世界裡，競爭可以相當殘酷，但同時也無可避免；然而，無

法預知比賽結果，才是競技運動最有趣之處。子女要準備迎接比賽帶來的挑戰，除了透過累積經驗，也依賴身旁的家長和教練適時的支援，才能令他們長遠地以更可持續和享受的方式參與運動。如參與運動的子女從父母那裡得到了他們所需要的東西——正確的愛、支持、指導和鼓勵，他們就會堅持參與運動，並在未來的歲月裡收穫許多好處。家長和教練要盡其所能，確保子女們在運動中獲得最佳體驗。

能做到這一點，每個人都會是贏家。

## Take Home Messages

1. 提早讓小朋友投入專項運動，不一定保證後期能成為精英運動員。

2. 兒童和青年階段的認知、社交和體格發展，是讓我們判斷孩子是否適合比賽的最佳指標。

3. 早期運動專項化有其利弊，對於早期專項化已成常態的運動（包括滑冰、體操等），需要更刻意在訓練裡注入照顧運動員身心健康的元素。

4. 運動員、家長和教練是一個三角關係，在青年運動員的成長過程中，溝通的內容和技巧都需要適時作出變化，包括討論輸贏、比較、運動專項化的決定、給予的支援、回饋、踏上精英之路、離開運動等，這些皆要小心處理。

運動心理學 **2** ——除了運動員，你還是誰？

練習1

　　假設你是一名劍擊運動員的家長，兒子現年10歲，課餘也有踢足球和攀石。身邊的家長為了靠運動成績升讀排名較前的中學，紛紛停止其他運動，將時間都放在劍擊上。這些孩子的劍擊成績在短期內有突破，令你覺得有點壓力。你知道兒子甚麼運動都喜歡玩，但你對於兒子是否適合「劍擊專項訓練」有點保留。你需要衡量甚麼，才決定提供專項化的訓練給兒子呢？

練習2

　　如運動早期專項化不能避免，以下哪些選項能夠把兒童接受早期精英訓練的風險減至最低？

1. 增加休息時間，並定期暫停有系統式的訓練。

2. 間歇地提供一個既輕鬆又認真訓練的基地。

3. 告訴他們要踏上精英之路就要懂得刻苦耐勞，不放棄就是世界級運動員的特質，很值得我們仿效。

4. 由於比賽難以避免，我們應盡早讓兒童參與比賽，早一點了解比賽是社會縮影。

A. 1 & 2　　B. 1, 2 & 4　　C. 2 & 4　　D. 2, 3 & 4

假設你的孩子對運動的熱誠減退，嚷著要離開效力了3年的區際足球隊，作為父母的你會怎樣回應？

1. 先了解他不喜歡的原因，再去看看他訓練的環境。

2. 觀察他跟隊友的互動，尋找他不喜歡球隊的線索。

3. 告訴他自己以前也不喜歡運動，但長大了才發現運動有很多益處，所以希望他明白自己是全心為他著想。

4. 如他堅持離開，你先認同他過去3年的努力，並跟他討論離開的過程和未來的動向，讓他有心理準備。

A. 1 & 2　　B. 1, 2 & 3　　C. 2 & 3　　D. 1, 2 & 4

**參考答案：**

◎練習1：

- 了解劍擊訓練的模式，參考身邊劍擊小朋友的訓練日數、時數

- 劍擊能提供交叉訓練的機會

- 兒子喜歡劍擊的程度

- 兒子在劍擊的社交體驗

- 兒子踏入青春期與否（在他的體格、認知發展作簡單評估）

◎練習2：A

◎練習3：D

運動心理學 **2** ——除了運動員，你還是誰？

# 第7章
# 建立更強大
# 的運動團隊

我曾在一支籃球隊工作了半個賽季。

起初收到領隊的電話,他自我介紹一番後,就開始說球隊近況。他認為球隊需要「額外的提振」。

隔著電話,已經感受到他滿滿的失望。

我答應幫忙,與球隊的部分工作人員進行了初步會議,希望獲得更多資訊。

主教練跟我說,球隊在季初一直輸,士氣和自信低落,希望我提供協助。坐在旁邊的物理治療師說:「當他們輸給實力比他們弱的球隊時,我完全感受到他們承受的巨大壓力。當他們受傷時,壓力更會加倍,影響了康復進度。他們越心神恍惚,受傷的機率就越高。」

領隊同意物理治療師的觀點,並輕輕提起隊員不同的性格。隊員之間的相處不算十分融洽,表現下滑更成為了導火線,他們逐漸失去彼此之間的尊重和信任。「我希望在為時已晚之前為他們做些甚麼,令下半季的士氣改善,能交得出成績。」

我不是不相信主教練與團隊,但為了全面了解球隊情況,我特意去看了數次訓練。

練習結束後,其中一名球員走向我,並向我打招呼,好奇地看著我。

我有禮貌地上前握手。他提到對球隊的一些看法,並單刀直入道:「感覺我

們正在分崩離析。老實說,我有時候甚至不想去訓練。大家的士氣這麼差,我不喜歡這種負面能量,我不想被這股低氣壓籠罩。但同時我亦明白我們仍是隊友,我了解團隊的概念,所以我還是會出席練習。但我覺得如果我獨自進行重量訓練或練習會更有建設性。我們之間的溝通並不夠好,實不相瞞,我不認為教練有盡全力。」

他問我有沒有解決方法。

「你們好像正在經歷一段困難的時期……那你認為是甚麼時候開始走下坡的?」

他接著告訴我他們至今的比賽情況、新球員,以及團隊動態的變化。

其實我看到的,跟他敘述的都有相似的地方。

「我只能說,目前這個球隊並不像一個團隊。」他嘗試作結。

「那感覺如何呢?」

「就像一群人在打籃球而已。」

我回辦公室途中,腦海一直浮現剛才訓練的情況。球員訓練時雖然垂頭喪氣,但異常安靜,氣氛緊張,球員之間沒有甚麼溝通。

我不斷提醒自己,只聽取一位球員的說法太偏頗了,要找機會掌握團隊全貌。

# 7.1 團隊有助人類發展

哈佛商學院教授Amy Edmondson曾表示，人類需要團體才能生存。

在人類進化歷史當中，團隊是為生存而創建。人類發展農業前以打獵為生，其實不單靠個人的努力，而是更著重團隊的合作和效率。隨著社會迅速發展，人類經歷更多團隊體驗，由從前以物易物的個體交易方式，到進行集體交易，後來更發展至兩國之間的貿易。團隊規模越大，關係就變得越複雜。

有組織的活動誕生後，人類開始關注團隊運動的意義。運動，不僅可以個人參與，以團隊名義參與，更可享受和其他人一起參與的樂趣。這促成了奧運會的誕生，人類希望跟志同道合的人一起體驗。

我們出生的時候已經自動加入團隊，這個團隊就是家庭。出生不久，我們開始在學校、興趣班等參與不同的活動，嘗試和不同的人一起學習與生活，並長期活在有其他人存在的團體中。團體逐漸成為我們人生中重要的一部分。

不過，當人聚在同一個空間裡，事情就會變得複雜。

然後，團隊多樣性、規模的大小、主管人數等都會牽涉其架構和資訊流程，加上人的個性、文化背景、觀點和溝通模式也會令團隊變得更複雜，這些均影響到團隊動態和生產力。

若團隊欠缺信心，它可以單靠心理技能訓練將信心問題一一解決嗎？當然是不可以。

242

團隊成員有沒有共同目標、信任、良好的領導力、團隊精神等都是不可或缺的因素，而本章只能覆蓋一小部分。

　　對於人類在團隊裡的需求，不同學派有不同演繹。

## 基本人際關係取向理論（Fundamental Interpersonal Relations Orientation Theory, FIRO）

　　或許你有聽過公司人力資源部(human resources department)較常用的人才測評工具「FIRO-B」。

　　「FIRO-B」就是基於FIRO這套理論研發出來的問卷。

　　1958年，美國心理學家William Schutz提出的「基本人際關係取向理論」，主要探究人與人之間互動的典型方式。人聚集在一起的原因，主要滿足三種需求：包容(inclusion)、控制(control)和情感(affection/openness)。

- 包容，是指與他人接觸、交往的需要；

- 控制，是指控制他人或被他人控制的需要；

- 情感，是指愛他人或被他人所愛的需要。

　　比方說，有一天我很想加入合唱團。假如我是一個包容和控制需求高的人，加入後我會希望能滿足到兩個需求：

　　一、合唱團能讓我與喜歡唱歌的人來往，滿足「包容」方面的需求；

　　二、之後能參與合唱團委員會的工作，令我有機會幫合唱團做決定，甚至影響他人的決定，滿足我「控制」上的需求。

　　Schutz認為，如要協助團體成員改善人際關係，可以透過FIRO-B了解成員加入團隊的需要。

第四章〈除了運動員，你還是誰？〉提到心理學家Maslow的需求層次理論，把Maslow的金字塔應用到團隊層面上，也是合適的。

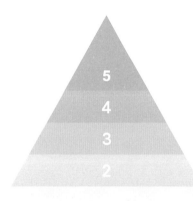

5. **自我實現需求**：發揮潛能、實現理想

4. **尊重需求**：受到尊重與肯定

3. **社交需求**：愛情、友誼、歸屬感

2. **安全需求**：保護、秩序、穩定

1. **生理需求**：呼吸、食物

圖7.1 Maslow的需求層次理論金字塔

需求層次理論的第3、4、5層需求，可以解釋人類參與團體的原因。

**第3層（社交需求）**：人類參與團體是為了得到歸屬感。在成長的路上，人類不可能只靠著家庭來滿足歸屬感這一環。特別是踏入青春期的青年，開始需要尋找新的團體來獲得次需求，希望在家庭以外尋找娛樂或學習機會。

**第4層（尊重需求）**：團體可以協助人類提升或擁有自尊。團隊能提供一個良好的機會，令成員感到被重視及尊重，有助於提升個人自尊。

**第5層（自我實現需求）**：參與團體，讓成員有機會成為領導者，發揮個人領導才能，甚至透過團隊合作和互相支持來激發自己和隊友的個人潛能，成就更好的自己。成員可以從中探索和發展個人潛力，以實現個人的最高目標和理想。

了解需求，又有甚麼用處呢？

　　我認識一名體育老師，希望在校內組卡巴迪隊[1]，一直很積極邀請學生參加。學生不是甚麼高水平運動員，只想「玩玩下」，跟朋友聚在一起。學生們只是藉此達至Maslow的社交需求，或是William Schutz的包容需求。如老師沒有注意到，又不照顧學生需求，認真把校隊立刻推到競技水平，反而會弄巧成拙，恐怕學生也不會久留。

　　當人留不住，團體就解散得比較快。

---

[1] 卡巴迪（Kabaddi）這項運動源自印度，及後於南亞一帶流行起來，是一項接觸性運動，有點像我們兒時玩的「麻鷹捉雞仔」，著重個人防禦及進攻。1990年被納入亞運會成為比賽項目。

# 7.2 隊際運動的形式和發展

　　團體的形成可以很簡單，可以是機緣巧合而誕生的，也可以是目的性的。

　　一群年輕人因喜歡踢足球而聚在一起，後來自組足球隊，繼而慢慢建立共同目標，參與聯賽，就是機緣巧合。

　　至於會所和俱樂部就不是因為機遇而組成的團體，是有目的性去招納會員的。這些組織提供設施給會員，而會員則以金錢交換會所設施的使用權。會所亦會清楚列明對會員的期望、目標和規範，甚至會設立不同的會籍以享用不同的服務，並由各領導去處理不同的工作。

　　在競技運動世界中，體育總會和會所有著共同點，目的都是要匯集認同總會或會所理念的人參與。

　　再細看運動隊際項目，形式多種多樣，各有其獨特之處。

1. **團隊形式**：最常見的是團隊形式的籃球、足球和排球等。這些運動的成員人數根據規則而定，是固定的。但為了令運動員得到最好的照顧，有些團隊人數會比固定的多，除了後備和主教練外，可能還有助教、支援團隊。而比賽當中，球員可以從參賽名單中進行替換，以取代力竭或受傷的球員，或進行戰術上的變換。因此，隊際運動需要整個隊伍的相互協作和配合才能取得成功。

2. **組合形式**：這些運動通常是單打進行的，但也能以不同的組合形式進行合作，例如雙打羽毛球、乒乓球或網球，以及雙人划艇項目等。在這些運動中，流暢的配合和團隊戰術亦至關重要。

3. **接力形式**：接力隊際賽也十分常見，包括最常接觸到的跑步和游泳。而團隊劍擊和射箭等項目亦包含「接力」的元素，每位運動員各自輪流作賽。雖然在這些比賽中，隊友之間的互動和配合甚少影響到賽果，但比賽策略和成員調配仍是重要的。

4. **積分形式**：還有一些運動使用積分形式，將個別運動員或組合的成績相加作為團隊的分數，例如乒乓球團體比賽和中學的社際比賽等。這類比賽形式讓運動員各自作賽，與隊友競爭之餘，還能夠為團隊爭取積分，共同努力爭取機會勝出。

**隊際運動的光譜**

|  | | 同時作賽的隊員人數／場上配合的複雜程度 | | |
| --- | --- | --- | --- | --- |
| 比賽形式 | 積分形式 | 接力形式 | 組合形式 | 團隊形式 |
| 例子 | 團體體操 | 4X100接力 | 雙人韻律泳 | 七人欖球 |

圖7.2 隊際運動的光譜

研究隊際運動的學者，對團體的形成與蛻變也有不同說法。這裡不是指團隊的人數變化，而是團隊的成熟程度、默契、信任。

剛才如果有注意到我跟籃球員的對話，他說了一句蠻重要的：「我們不像團隊，就像一群人在打籃球。」

大概的意思就是，我們只是一個團體，還沒到球(團)隊的層次。

團體和團隊，是截然不同的概念。團體，是由不同的個體因共同興趣而組織的；團隊，則是指具有凝聚力和默契的隊伍。

所以，團隊的經歷可以是順風順水的，也可以是充滿波折的。

美國心理學學者Bruce Tuckman於1965年推出團隊發展階段模型（Tuckman's Stages of Group Development），提出一個團體要經歷五個階段才能成為團隊。

## Tuckman的團隊發展階段模型

創建　激盪　規範　執行　解散

圖7.3 Tuckman的團隊發展階段模型

### 階段一：創建（Forming）

一群有共同興趣的人，很自然地會聚在一起。他們未必一定有明確的目標和角色分配，也沒有任何團隊文化。剛認識的階段，大家會較為客套，邊觀察、邊學習如何跟大家相處。

| 可觀察的行為 | 感受和想法 | 團隊需求 | 所需的領導力 |
|---|---|---|---|
| • 態度恭敬有禮<br>• 暫時性加盟<br>• 與他人建立個人聯繫<br>• 避免爭議<br>• 可能會形成小圈子 | • 感到興奮、樂觀、充滿期待<br>• 可能會對與他人合作感到懷疑、恐懼和焦慮<br>• 「別人對自己會有甚麼期望？」 | • 團隊使命與願景<br>• 制定具體目標和任務<br>• 分配團隊成員的角色和職責<br>• 建立團隊基本規則 | • 任命領導和講師<br>• 提供結構和任務方向<br>• 給予時間讓大家彼此認識<br>• 營造自信、樂觀的氛圍 |

運動心理學 2 ——除了運動員，你還是誰？

| | | | |
|---|---|---|---|
| • 對安全感和肯定的需求<br><br>• 試圖明確定義任務、流程和決策方式<br><br>• 討論與任務無關的問題 | •「他們為甚麼在這裡？」<br><br>• 不確定性和憂慮 | • 團隊成員的期望<br><br>• 團隊運作指引<br><br>• 有效的教練會議<br><br>• 有效的運動員會議<br><br>• 領導任務的第一次反饋 | • 細心聆聽，理解團隊成員的需求<br><br>• 積極參與<br><br>• 團隊成員認為指定一位領導者有助做出決策<br><br>• 領導者與團隊成員由上而下的單向溝通 |

從「創建」階段進入「激盪」階段，每位成員要避免談及「非威脅性話題」，進行更深入的交流，不過會面臨發生衝突的風險。

**階段二：激盪（Storming）**

當團體裡的成員開始變得熟悉，就會踏入磨合期。磨合階段裡，會出現更多意見上的分歧，因為各人對團體目標、角色、規範和決定都有不一樣的看法。此時，團體需要一位領導者出現，否則磨合期會持續很長時間。就算有領導者的存在，假如其他成員對他的決定持保留態度，也會產生意見分歧。

其他有可能出現的情況包括嫉妒他人和缺乏信任等，但當團體慢慢學會整理角色和規範，分歧就會逐漸減少。

幾乎每個團體都會有磨合期，也不一定是負面的，因為它可以協助大家了解彼此的想法，取得共識。

| 可觀察的行為 | 感受和想法 | 團隊需求 | 所需的領導力 |
|---|---|---|---|
| • 成員之間發生爭執<br>• 爭奪領導權<br>• 各人觀點和個人風格出現明顯差異<br>• 各人角色不明確<br>• 團隊自行整理和組織<br>• 權力鬥爭和衝突<br>• 缺乏尋求共識的行為<br>• 缺乏進展<br>• 設定不切實際的目標<br>• 擔心過度工作 | • 懷有戒心<br>• 可能會感到混亂和失去興趣<br>• 對任務感到抗拒<br>• 對團隊的態度起起伏伏<br>• 不確定團隊的使命和宗旨<br>• 質疑團隊成員的智慧<br>• 緊張和嫉妒情緒的增加<br>• 不確定團隊中的個人影響力和自由度<br>• 覺得團隊一事無成 | • 與團隊成員的人際關係<br>• 個人內心與自己的關係<br>• 辨識風格和個人差異<br>• 有效的傾聽<br>• 提供和接收回饋<br>• 解決衝突<br>• 澄清並理解團隊的目的<br>• 建立角色和基本規則<br>• 嚴謹處理個別團隊成員違反團隊行為準則<br>• 接收領導者的回饋 | • 任務領導和講師意識到衝突，並懂得鼓勵團隊成員達成共識<br>• 細心聆聽，理解團隊成員的需求<br>• 提供機會，讓成員承擔更多的任務責任<br>• 共享領導概念的出現<br>• 教授解決衝突的方法<br>• 提供支持和讚揚<br>• 積極參與的團隊成員開始互相協商，共享領導力逐漸出現，但決策時會遇到困難 |

　　為進入「規範」階段，成員必須從不信任的心態轉化為解決問題的心態，並具備聆聽隊友的能力。

## 階段三：規範（Norming）

　　磨合期結束後，團體成員的關係漸趨穩定，並踏入相互信任的階段，開始訂下規範、標準和專屬團體的處理手法。此時，每位成員開始感受到

運動心理學 2 ——除了運動員，你還是誰？

彼此的支持和信任，投入度（commitment level）會提升。即使成員存在不同的意見，團隊成員也學會如何妥善地處理。

| 可觀察的行為 | 感受和想法 | 團隊需求 | 所需的領導力 |
|---|---|---|---|
| • 在流程和程序上能達成共識<br><br>• 對人際關係感到舒適<br><br>• 專注於任務並投入精力<br><br>• 有技巧地解決衝突<br><br>• 真誠地嘗試做出有共識的決定<br><br>• 平衡影響力，共同解決問題<br><br>• 制定團隊常規<br><br>• 設定並實現任務里程碑 | • 對團隊的歸屬感<br><br>• 信心十足<br><br>• 團隊成員能夠以建設性的方式表達批評意見<br><br>• 接受團隊所有成員<br><br>• 普遍的信任感<br><br>• 確信一切都會順利<br><br>• 自由表達和貢獻 | • 制定決策流程<br><br>• 適時提供想法和建議<br><br>• 共享解決問題的決策權<br><br>• 利用所有資源來支持團隊的努力<br><br>• 團隊成員共同承擔領導的責任<br><br>• 接收領導者的回饋 | • 共同領導<br><br>• 細心聆聽，理解團隊成員的需求，提供反饋和支持<br><br>• 允許更精簡的團隊結構、減少繁瑣的程序<br><br>• 促進團隊互動<br><br>• 要求所有團隊成員為團隊作出貢獻<br><br>• 協作變得更加清晰<br><br>• 鼓勵他人做出決定<br><br>• 繼續建立牢固的關係 |

## 階段四：執行（Performing）

團隊漸趨成熟，開始訂下一個可達到的共同目標，並向目標進發。過程中，他們會找方法達到最高效率和水平的訓練。研究顯示，僅有少數團隊能夠達到此階段。團隊往往需要經歷一段漫長的磨合期和建立規範階段，才能夠達到此階段。

| 可觀察的行為 | 感受和想法 | 團隊需求 | 所需的領導力 |
|---|---|---|---|
| • 運作正常的團隊<br><br>• 角色更加清晰<br><br>• 團隊逐漸發展出獨立性<br><br>• 團隊能夠自我整理和組織<br><br>• 成員在個人、小組或團隊中都能良好地發揮<br><br>• 更了解彼此的優勢和劣勢，以及對團隊流程的理解 | • 對彼此抱著同理心<br><br>• 高度的承諾<br><br>• 開始理解工作倫理的概念<br><br>• 出現緊密的聯繫<br><br>• 感到有趣和興奮<br><br>• 促進個人發展和創造力<br><br>• 整體滿意度提升<br><br>• 持續發掘保持動力和熱情的方法 | • 領導者確保團隊朝著協作方向前進<br><br>• 保持團隊靈活性<br><br>• 進行後測（post-test），以測量知識上的表現有否進步<br><br>• 提供表現相關的資訊<br><br>• 提供自己的觀點和接受他人的反饋<br><br>• 與領導者的反饋和對話 | • 實踐共同領導<br><br>• 觀察、探究和滿足團隊需求<br><br>• 團隊成員之間的共同努力<br><br>• 領導者提供的指導很少<br><br>• 向團隊成員提供正向的強化和支持<br><br>• 細心聆聽，理解團隊成員的需求 |

## 階段五：解散（Adjourning）

團隊走到最後，就會進入解散階段。解散的原因可以是刻意的，也可以是自然發生的。其中一個原因是意識到目標已經達成，典型例子就是為出戰奧運而組成的隊伍在奧運結束後隨即解散，因為4年後很有可能會組成另一個新的團隊。另一個解散的原因可能是團體內部持續出現的衝突無法解決，團隊士氣極度低落，甚至無法維持原狀，最終步向解散的局面。

運動心理學 **2** ——除了運動員，你還是誰？

| 可觀察的行為 | 感受和想法 | 團隊需求 | 所需的領導力 |
| --- | --- | --- | --- |
| • 有明顯的哀傷跡象或表現<br><br>• 動力減緩<br><br>• 不安的行為<br><br>• 在某些時刻表現出高度的能量和熱情,但之後會出現能量不足或疲憊的情況 | • 悲傷<br><br>• 幽默(在外人看來可能很殘酷)<br><br>• 對於一切都完結了感到高興,終於鬆一口氣 | • 回顧團隊以往所付出的努力<br><br>• 處理未解決的問題和任務<br><br>• 認可並獎勵團隊的努力 | • 幫助團隊探討終止合作的各種選項,為成員提供指導和方向<br><br>• 細心聆聽,理解團隊成員的需求,並在解散時提供適當的支持<br><br>• 鼓勵團隊進行反思,以確保這些經驗能被應用到未來的團隊協作之中 |

　　雖然Tuckman的模型所提供的框架具邏輯性,但始終有其局限。

　　第一,團隊成員的個人特質、價值觀和背景等可能會影響團隊的發展。例如與本身已經非常熟稔的同班同學參加班際籃球賽,大家年紀、背景、價值觀相近,未必需要經歷激盪階段,甚至可能在很短暫的規範階段後便能訂立籃球賽的目標了。

　　第二,團隊形成過程不一定是線性的,所以發展次序也會因各團隊而異。

　　有些階段可能會被略過,或是階段之間出現循環或重疊。例如,即使團隊處於早期發展階段,但由於比賽將至,團隊就算還沒磨合好,運動員仍然立刻需要跳到執行階段,向團隊目標進發;或是,團體正處於規範或執行階段,但突然有新成員加入,或是有成員不停缺席訓練令隊友不滿,團體就會重新進入激盪階段,不會按照特定時間成為團隊。而教練當刻的

任務，就是要幫助團隊盡快回到執行階段。

因此，Tuckman的模型只供參考，並不能被視為標準規範。

而現實情況確實如此。

我曾為中學的游泳隊和網球隊提供支援，也服務過有外借球員的足球會、青年隊、港隊等，對不同團隊的動態略知一二。隊員來自不同的學校或體育會，加入團隊的初期對彼此的了解還不夠深入，需要時間認識隊友的個性，甚至可能需要在尚未解決所有爭執的情況下一同作賽。而另一個更明顯的例子是來自不同省份的選手一同入選國家隊並參加奧運會，雖然他們一直接受不同的訓練模式，但面對著如此光榮的國家重任，必須團結起來，認識和接受彼此之間的差異，並在有限時間內成為一支配搭得宜的團隊。

而不論團體處於哪個階段，Tuckman認為領導者需要不同類型的領導技能。

領導者就算背後有多龐大的支援團隊，責任好像都是落在領導者身上，他需要協助團隊變得成熟，協助成員發展個人能力，以及培養他們之間的良好關係。

在我認識的出色的領導者當中，有多少具備開放的溝通技巧、創造力、才華、戰略思維資源分配能力、執行能力的呢？說實話，好像不多。每個人總是有他擅長的領域，但同樣也會有所欠缺。

# 7.3　團隊裡，也有角色扮演？

又回到本章開首我和籃球員的對話。

他說：「順帶一提，我總是被視為一個和善的人，跟各隊友都相處得很好，但我感覺這是一把雙刃劍。有時我可以扮演善於社交和激勵的領導角色，但有時我感覺自己被利用了。我想為球隊做些甚麼，但我認為這是隊長的責任。」

驟眼看，他是一位平易近人的球員，希望團隊能夠良好運作並做出一番出色的表現。對我而言，這也展示了一種很少被談及的領導風格——關心團隊氛圍並善於處理衝突的社交領導者。

他令我回想起大概8年前曾合作過一季的一支球隊，為年底的世界賽作準備。球隊進行的是新興運動，球員年齡差距大，由18至35歲不等，年長的球員比年輕球員多，所以隊內的階級制度相當明顯。我的工作包括每週安排一次會面，讓我在數星期內掌握球隊氛圍，以及教練團隊、隊長和球員之間的互動。當時我還收集了球員的認同感和信心的基線數據（baseline data）。

球隊季初表現不佳，管理層向主教練施予壓力，要求主教練於短時間內交出好成績。主教練選擇在賽季中段辭任，到內地另一支球會任教。由於主教練職位空缺，助理教練臨時接手主教練的工作，並決定更換隊長。可是，情況並沒有因此而變好。新隊長承擔了許多主教練的工作，要主導訓練，並提出改良訓練的方法，臨時主教練反而顯得較為被動。

我在任期間，臨時主教練的領導力一直不明確。對我而言，領導角色不僅是功能性的（即完成訓練計劃），更重要的是在團隊信心不大時，可以在人

際關係方面發揮作用。

這樣說，領導者好像真的需要「百足咁多爪」。

這類人，該到哪裡找？

## 我們需要一個「百足咁多爪」的領導者，還是很多不同的領導者？

其實，領導過程可以共享的，英文稱為shared leadership。

即使是非常優秀的教練，個人能力還是有限的，與其自己獨自帶領團隊，不如學習如何分配權威和責任予運動員，令他們共享權力和影響力；同時，教練仍能顧全大局，負責最終決策。

所以，在團隊裡擔任領導角色的，不一定只落在主教練和隊長手上。

20世紀的心理學家們，改變了對運動領導角色功能的觀點。

Fransen、Vanbeselaere、Cuyper、Vande Broek與Boen五位比利時學者於2014年對領導角色的區分進行了一項名為The Myth of the Team Captain as Principal Leader的調查，主要探討隊長作為團隊「正式領導者」的重要性。他們提出了四種運動領導的分類：

| 任務領導者 | 動力領導者 |
|---|---|
| 專注於隊伍目標，並協助團隊技術和策略相關的決定 | 管理隊友在場內外的情緒 |

**社交領導者**
促進隊友間的良好關係，解決隊友之間的衝突

**外在領導者**
擔任隊伍與外部人士之間的聯繫橋樑

圖7.4 四種運動領導的分類

運動心理學 **2** ——除了運動員，你還是誰？

這項調查訪問了共4,451名隊際項目的運動員和教練,受訪者需要針對隊長在任務、動力、社交和外在領導四方面給予評價。結果顯示,竟然有超過43%的受訪運動員和教練認為,他們認識的隊長中,在以上四個範疇都不是主要的領導者。

這證明隊長作為「正式領導者」的領導特質其實一直被高估了。

無論是在場內或場外,非正式的領導者都能夠起著帶頭作用。

## 追隨者的角色

教練可分配不同的領導角色給運動員,賦予他們權限,在場上擔任不同職能,但如果一個團隊裡所有成員都變成不同領域上的領導者,你能想像會變成怎樣嗎?

這當然會造成混亂,令團隊缺乏方向。

所以,某部分成員還是需要擔當追隨者的角色,提升團隊執行力,將團隊的效能推到最高。一個良好的團隊除了有優秀的領導者,追隨者的支持和配合也很重要,這樣才能將團隊的運作發揮至最大效能。

作為追隨者,這並不代表他們保持被動角色,一味聽從並執行領導者的指導或命令就可以功成身退。

學者Robert Kelley提出了一個追隨者角色模型,解釋追隨者的主要分類和其任務,以及他們如何在多方面作出貢獻,使團隊不斷進步。根據追隨者的獨立思考和積極程度,Kelley將他們分為五種不同的追隨者角色(見表7.1)。

| 追隨者角色 | 任務 |
| --- | --- |
| 1. **被動者** | 盲目地遵從領導者的指示，沒有自己的想法和意見 |
| 2. **順從者** | 通常不會提出反對意見，無條件地接受領導者的意見和決策 |
| 3. **疏離者** | 可能會對領導者的行為和決策持懷疑態度，並且缺乏投入感和參與度 |
| 4. **務實者** | 通常不會顯示出積極參與和貢獻的態度，只關注自身的利益和地位 |
| 5. **有效追隨者** | 具備自主性和批判性思維能力，能理解領導者的目標並執行其指示，同時也能提出建設性的反饋和意見，在需要時挑戰領導者的觀點 |

表7.1 五種追隨者的角色和任務

在運動團隊裡，擔任追隨者一角的運動員不單需要投入團隊目標並支持領導者；同時，積極提供建設性反饋、具備良好的溝通和協作能力，也是推動隊伍進步的致勝關鍵。

圖7.5 追隨者的風格和特色

運動心理學 **2** ——除了運動員，你還是誰？

搭便車影響凝聚力，
必須找方法減少這效應

談到凝聚力，它與團隊表現存在循環關係。

2016年的歐洲國家盃，冰島男子足球隊之所以能夠成為黑馬並取得史無前例的成功，某程度上跟當時的社會氣氛和意識形態有關。當時冰島的總理因為逃稅而引發人民不滿，國民對政府的信任度下降，球隊因而展現了前所未有的凝聚力。當然，體育同時也有社會功能，因而能夠推動社會發展，並於當時凝聚了冰島的人民。

在心理學術語中，凝聚力主要分兩種：任務凝聚力（task cohesion）和社交凝聚力（social cohesion）。

任務凝聚力是指團隊中，成員共同努力實現團隊目標；社交凝聚力則是指團隊成員相互喜歡的程度。

兩種凝聚力處於高位，團隊表現自然好；當團隊表現好，兩種凝聚力也會因而提高，反之亦然。

在理想情況下，團隊會達致最佳凝聚力，提升表現；然而，現實情況卻普遍反映了一個較負面的現象——當我們身處在一個團隊時，團隊成員各自付出的努力往往比獨自行事的時候少。這是因為在團隊中，我們可能會依賴其他成員的努力，不會百分百投入，這就變成團隊裡的「搭便車者」（free rider）。

你有否曾被學校分組活動中的搭便車者激怒？或者你自己會否過度依賴其他小組成員，在小組任務上投入較少的精力？「搭便車」這個概念在學校或工作環境中很常見，但原來在體育界也存在類似傾向的人。

1913年，法國工程師Max Ringelmann進行了一個有關拔河比賽的實驗，他發現拉繩的人越多，每個隊員施加的力就越小。換句話說，當團隊規模增加時，個人的生產力會同時降低，這種現象被稱為「林格曼效應」（Ringelmann effect）或者「社會惰化」（social loafing）。

學者同時在團體賽艇及游泳接力項目進行了類似實驗，結果發現，如團隊凝聚力弱，隊員為實現共同目標而付出的努力會較少，更容易產生社會惰化。

如此看來，低凝聚力的團隊似乎是低生產力的罪魁禍首。

實證顯示，社會惰化會降低團隊的生產力。因此，要提高生產力，不僅要激發運動員的身心潛能，更要減少群體惰化所產生的「損失」。

「林格曼效應」一例反映了一種名為「動機虧損」（motivational loss）的現象，即人們寧願退居次要位置，把機會讓給其他人。這通常發生於難以準確衡量團體中的個人表現、團隊成員彼此之間不太熟悉，或個人認為自己正在與一個較弱的對手比賽的時候，而林格曼的拔河實驗就是一個好例子。

另一種在團體中可能出現的損失是「協調損失」（coordination loss），即是因為配合出現失誤而阻礙了團隊的生產力。前文的圖7.2描述了團隊在場上配合的複雜程度會因應運動類型而有所不同。例如在田徑接力賽中，跑手不小心掉了接力棒，會導致下一位接棒選手被迫減速；網球雙打中，如球打在球場正中央，兩名選手有可能同時誤會對方會接球而導致失分，這就是協調損失。

## 如何加強團隊凝聚力？

### 1. 在思考如何改善團隊凝聚力前，也要識別該團隊的任務凝聚力

以一個為期10週、為長者而設的游泳班為例，課程目標當然是希望加強老年人弱勢肌肉力量，保持長者對泳班的積極性，努力完成課程。泳班的任務凝聚力可以是基於健康，而要提高任務凝聚力，你可以將長者配對，讓他們在踢腿和滑行方面互相挑戰。

### 2. 將團隊細分成小組，培養小組裡的自豪感

團隊裡存在不同黨派是自然的，尤其仍是處於創建階段的團隊。教練需要有意識地將不同黨派打亂，再分拆成小組。假設一支欖球隊共有30名球員，教練可以將球隊分為前鋒和後衛兩組，以培養各組的歸屬感和自豪感，提升擔當相同位置的凝聚力，這對整個球隊的成功至關重要。其他隊際運動，例如棍網球、籃球和曲棍球，甚至可以分拆成2至3人的組合。運動員可以藉著一對一的練習互相督促和提點，甚至可以為小組取隊名，增加其獨特性，提升任務和社交凝聚力。

### 3. 辨識出能擔任非正式溝通鏈的隊員

我在團隊裡工作，了解成員之間的日常交流是重要工作之一。我發現教練、運動員和組織人員之間屬於基本及後勤交流等「官方交談」（official conversations）的比例並不高，反而內部會出現大量的「非官方交談」（unofficial/informal conversations），包括團隊成員之間的社交活動、爭執或成員內部對戰術安排的討論等。

非官方交談，不論正面與否，很大程度也會影響團隊的運作、氛圍和凝聚力。為減低團隊成員之間不良的非官方交談，教練需要指派團隊中具有良好人際關係的隊員做代表，成為這些非官方溝通鏈的「聯繫人」。聯繫人的數量可以因應團隊大小增減，在人數較多的團隊中，每小組可有一名代表向教練提供訊息；至於人數較少的團隊，一名代表足以令溝通機制有效運作。這機制不僅僅是交換資訊，更重要的是了解分隊內現存的態度、需求和感受。教練可以根據需要，決定與聯繫人交談的次數。

### 4. 了解成員價值觀

較年輕的團隊未必理解價值觀的意思，教練可利用選擇題或問卷等方式了解運動員的價值觀，從列表中讓他們選擇自己認為重要的事，例如家庭、成就、創意、關懷別人等，然後再排列先後次序。對於年紀較大的團隊，則可以進行正式對話，開展有關價值觀、團隊文化和凝聚力的討論。例如某中學校隊成員跟你說，他除了投入籃球訓練外，假日會跟家人一同做義工，你大概就會對他的價值觀有多一點概念。

一個人的價值觀直接影響他們的個性，以及對團隊的投入度。所以，在運動以外的價值觀，團隊領導者是需要知道的。

### 5. 良好的溝通模式

團隊中，每個成員必須進行坦誠而開放的溝通，包括教練、支援人員和其他隊員，而坦誠溝通建基於心理安全感之上（此部分會在本章稍後部分作詳細討論）。為了解並接受團隊中每個人的個性差異，團隊成員越坦誠相待，越能建立一個高度凝聚的團隊。

認識團隊的形成與蛻變、角色委任和分配任務，讓我們對培養團隊凝聚力的不同方法有更深入的了解，從而提高團隊生產力、表現和成功效率。這一切都不是一朝一夕的事，而是時間和經驗累積的成果。然而，有些團隊花費了很多努力和時間，卻仍然難以有效地運作，可見上述數點知易行難。

以「良好溝通模式」為例，誰不知道它的重要性？不過，儘管教練和運動員再三強調良好溝通是致勝表現，很多團隊在溝通上遇著多方面的挑戰。再以「價值觀」為例，我們也知道深入認識成員，有助了解他們的個性、動機和期望，並建立信任，對團隊來說必定有好處。但有些運動員就是害怕溝通和表露自己脆弱的一面，亦不願意跟其他成員交流，這也是無可奈何。不少團隊的溝通模式亦停留在表面的「官方溝通」（即是較表面、帶有「官腔」的交流，跟上述的「官方交談」不一樣），被學者形容為缺乏「心理安全感」，所以會拒絕參與任何敏感的話題。團隊的凝聚力自然無法升級。

運動心理學 2 ——除了運動員，你還是誰？

# 缺乏心理安全感

職場上，員工因不良的工作文化辭職屢見不鮮。

我也認識運動員因身處環境「惡劣」的團隊而轉會。

你可能認為，在運動世界裡，大家齊心協力，氛圍不會像辦公室一樣惡劣吧。

知名企業的高管教練John Baird和Edward Sullivan指出，在商業世界中，當管理層停止進行有效的溝通，令員工覺得被視而不見、不被聆聽、不被欣賞，辦公室文化就會變得惡劣。

其實任何領域的團隊，包括運動，不都是一樣嗎？

「心理安全感」（psychological safety）在1965年首度由美國學者Edgar Schein和Warren Bennis提出，隨後更被列入工業及組織心理學議題，但實證數據和文獻則是直至近年才開始蓬勃發展。1999年，哈佛大學商學院教授Amy Edmondson再次確認心理安全感對團隊發展的重要性，並將其定義為「一個人相信在提出想法和問題、表達關懷或犯錯時不會受到懲罰或羞辱，就等於對該環境有著心理安全感」。這是一種人際關係上的安全感。

當我們能夠在工作環境中擁有心理安全感，才會對自己在團隊擔當的角色產生情感依附和投入感，並從中成長、學習和作出貢獻，更有效地表現自己。

Google是全球數一數二的科技巨頭，它在2012年開展了一項名為Project Aristotle（亞里斯多德計劃）的研究，旨在打造完美的企業團隊。為尋

找答案，他們回顧了大量過去關於團隊運作方式的數據，得到很多有趣的發現。

在翻查紀錄的過程中，他們對所謂的「完美團隊」產生好奇心，為此也有很多揣測：

- 究竟最好的團隊，是由擁有相似興趣的人組成，還是只要每個人得到公平對待（如每人獲得相同類型的獎勵）就可以了？

- 隊員在辦公室外有多經常進行聯誼活動？

- 他們是否有相同的喜好？

- 他們的教育背景是否相似？

- 他們的性格是否相似（都是外向或內向）？

他們仔細分析所有超越了關鍵績效指標（key performance indicator, KPI）的部門，甚至把性別、個性、在工作崗位逗留時間等因素都納入研究範圍，但還是找不到任何線索。

這時他們才意識到，這些因素無法可靠地預測團隊的表現和成效，因為各個因素之間的相互作用會因不同的團隊和情境而產生不一樣的變化。能促進團隊成功的主要因素，反而是團隊成員依循的「團隊規範」（team norm）。

在心理學中，「規範」（norm）統領著我們的運作模式、行為標準，算是團隊的不明文規定。當你走進辦公室A，大家安靜地獨立工作，一言不發，這算是辦公室A的規範。如你走進另一個設有共同工作空間的辦公室B，看到同事在熱烈討論，或在茶水間閒談，那麼這些辦公室B的規範便造就了一種鼓勵群體思維和創意的文化。

規範可以是潛規則，也可以是顯規則。它是形成團隊文化的標準，亦是成員之間的共識。

Google後來找到了答案，並發現成功的團隊都有兩種相似的規範：一、每個人發言的機會大致相等，即是同事之間擁有「平等發言權」；二、有著高度社交敏感度或高度敏銳、感知力較強的人，能夠根據他人的非語言行為(包括表情、語調、手勢)來調節個人情緒。

心理安全感，就是以上兩個規範的結合版。

## 心理安全感，被很多人誤會

心理安全感不局限於職場上，運動世界亦通用。簡單來說，運動界的心理安全感是指「不會因為在團隊中發言而感到尷尬、被拒絕或懲罰的信念」，也包括運動員在比賽或訓練期間可以在場上自由「冒險」。

英國拉夫堡大學運動心理學家David Fletcher解釋，所謂的「冒險」，不是將自己置身於危機之中，而是運動員容許於適當情況下進行戰術或技術上的嘗試，不會因戰術或技術失敗而受到懲罰或指責。

**心理安全感是指隊友之間的信任嗎？**

不是。

一個跟心理安全感較為相似的術語是「人際互信」，指的是相信他人會顧及自己的利益。

然而，這兩個術語的分別在於這種互信關係的方向。

擁有「人際互信」的人會將利益歸於對方(如隊友)，而擁有「心理安全感」的人是感覺到其他人將利益歸於自己。

**心理安全感與自主感有關嗎？**

沒有關係。

自主感是一種內在動機的心理因素(見第五章〈尋找運動員想進步的「那

團火」〉），容許團隊中的成員作出選擇，令他們得到掌控感。相反，心理安全感則牽涉對外在環境的心理感知，預測其他成員對自己在團隊環境冒險時的反應。

**心理安全感等於團隊凝聚力嗎？**

不等於。

兩者概念上完全不一樣。團隊凝聚力被定義為「一個團隊在追求其目標和使命時保持團結的動態過程」，就算成員在凝聚力高的團隊中訓練，也有可能會因被迫遵守團隊規範和長期需要妥協而受壓，所以運動員在凝聚力高的團隊不一定擁有心理安全感。

儘管有關心理安全感的研究暫時並未有太多數據，世界各地不同的教練已經紛紛嘗試把心理安全感的概念應用到球場上。2018年世界盃足球賽，英格蘭足球隊經理Gareth Southgate提到，讓人感到心理安全的環境是造就其團隊出色表現的重要因素，他製造合適的「人際關係環境」，讓球員敢於「冒險」，他們賽後又能夠舒暢地發表自己的意見、參與決策、向他人尋求幫助、尋求失誤後的回饋等。

**只有軟弱的人才需要心理安全感嗎？**

不是。

我曾聽過一個教練說：「以前做運動員的時候，教練根本沒有加插任何『花巧』的東西，但每個隊員還是會每天準時到達，把訓練完成，聽聽話話，根本沒有甚麼心理上的挑戰，最終也取得成功了。我們不需要一起做瑜伽去聯誼，也不需要因為做好本分而獲得任何誇獎和鼓勵。為何這一輩的年輕人這麼『麻煩』？」

心理安全感並不是藉由team building（團隊建立活動）獲得的，也不代表運動員對彼此的接納程度（雖然接納彼此也是團隊的重要元素）。它主要強調的是，運動員發言和表達意見後不用擔心會被杯葛，或者因為不同意別人觀點時而受到批評。針對這一點，我認為高水平的團隊成員也未必有

266

高程度的心理安全感。

假設你是一位網球選手，平時訓練和比賽的環境都有高度的心理安全感。如你在比賽中失誤或輸掉一分，教練和隊友會給你建設性的建議和鼓勵，協助你集中注意力並提升表現。

身處這樣的環境，你會明白比賽失誤是正常的，並不會受到嚴厲的批判，並教會你敢於冒險，從失敗中學習並保持復原力。心理安全感在這種情況下讓你能夠直面挑戰，並保持競爭優勢。它不會讓你變得脆弱；相反，它能夠協助你發展出強大的復原力，從失敗中重新振作起來，調整策略並保持動力。

## 我們能夠在運動團隊中應用心理安全感這概念嗎？

運動界跟商界有很多共同點，也不是大家想像中那麼「安全」。例如，成績對球隊很重要，球員長期需要忍受高壓出賽。如運動員作賽時做出錯誤決定，連累球隊輸掉比賽和失去出線機會，球員受指責，就已經可以定義為「缺乏心理安全感」的環境了。

最近，我跟一位15歲的羽毛球手進行諮詢，他是學校風紀，亦是羽毛球隊隊長。他媽媽一坐下就説兒子承受著很大的壓力，他坐在旁點頭表示認同。

媽媽離開後，我問：「是甚麼壓力？説來聽聽。」

「擔任隊長的責任很沉重，而且我們球隊成員多，好像很多人也需要我照顧。我不確定我是否能夠在學業和羽毛球之間取得平衡。我在隊中年紀最大，他們覺得我是『明星』球員，每人都指望我贏。我發現自己在關鍵時刻總是緊張得無法動彈，腦袋一片空白。

「學校的教練建議我參加單打比賽，但還是把參加單打或雙打的最終決

定權交給我，我為此徹夜難眠。我在雙打比賽中表現一直很好，因為我感覺能夠與搭檔分擔壓力。但在單打比賽中，我常常被選為種子球員，所以我在單打中獲勝的機會更大。我在這兩者之間不斷掙扎……如果我輸了，學校會很失望。我可是隊長啊，怎能令學校失望呢？假如我選擇了雙打，然後輸了，我無法忍受教練可能會跟我說：『我早就告訴過你了！我不是讓你選單打嗎？』這些話實在令人很難受。」他一口氣說。

凡事總有兩面，我沒有見過教練，不敢下定論他一定是球員所形容的那樣。

為便於論證，我就先假設球員的論述是真確的。

從球員口中得知，球員除了會因賽前做出「錯誤決定」面臨批評之外，還需要解決臨場表現上的問題。然而，故事的後半部分才是本章的討論重點。如果他做出的選擇最終導致「不堪設想」的後果，他就成為唯一要承受責任的人。他是否處於一個心理安全的位置，可以冒這個風險做出他認為最好的決定？

在我看來，似乎並非如此。

身處的環境能否提供心理安全感，似是主觀感覺，其實有其客觀性。

Amy Edmondson和研究團隊研發出如何量化心理安全感，希望藉此改善職場上的文化，我認為運動隊伍同樣可以參考。

268

## 測量心理安全感

想測試自己團隊的心理安全感，可以看看你有多大程度同意或不同意以下陳述：

| | 十分不同意 | 不同意 | 既不同意也不反對 | 同意 | 十分同意 |
|---|---|---|---|---|---|
| 如果我在這個團隊中犯錯，會被懷恨在心。 | | | | | |
| 團隊的成員能夠提出問題和一起討論棘手的議題。 | | | | | |
| 團隊中的人有時因為與眾不同而受人排斥。 | | | | | |
| 在團隊中冒險是安全的。 | | | | | |
| 向團隊的其他成員尋求幫助是困難的。 | | | | | |
| 團隊中沒有人會刻意採取行動來破壞我的努力。 | | | | | |
| 與團隊的成員合作時，我的獨特技能和才能受到重視和善用。 | | | | | |

表7.2 心理安全感測量表

# 7.6 創造心理安全環境

## 創造心理安全環境的四大要點

### 1. 對事不對人

　　團隊有人犯錯，我們很自然會歸咎於他人身上。領導能力發展顧問 Michael Timms曾經在他的著作 *How Leaders Can Inspire Accountability: Three Habits That Make or Break Leaders and Elevate Organizational Performance* 建議，發生問題後應避免問「是誰的錯誤」，而是問「過程在哪裡出了問題」，即大家應專注於事情本身，集中解決問題。

　　責怪文化最常於賽後爆發，不論你是教練或運動員，都會因賽果而情緒激動，尤其有運動員於比賽中犯錯，就有可能會被譴責。如我們要實行對事不對人的態度，就要更注意賽後檢討的內容——以提出解決方案為首，減少運動員不必要的包袱和潛在恐懼。

　　這種文化不能在比賽時才實施，在訓練的時候就應該要慢慢建立。與其草率地下定論，將責任推到他人身上，不如改變策略，提出你觀察到甚麼，並停止對他人作出批評。例如游泳教練給予泳員指示時，看到其中一位仍然潛在水中，這時候不要對他說「你沒有聽我講話？」，而是應該說「我剛才給了指示，但你還在水中，你能複述我剛才的話嗎？」。同樣，運動員訓練期間，如隊友犯錯影響到你當下的情緒，你可以嘗試控制自己不說責怪的話，改口說：「好，現在球已經傳到哪裡去了，我們可以做XXX去補救。」

### 2. 軍事化的教學模式套用在運動上，責怪文化瞬間誕生

　　有時候，教練會在無意間強化責怪文化。

運動心理學 2 ——除了運動員，你還是誰？

較常見的是當一個運動員犯錯，整個隊伍都需要承擔所有責任。

其背後的邏輯，我是懂的。負責任是一個正面的團隊特質，作為一個團隊，我們都要為彼此的行為負責。這是抽取了軍事化的模式，套用到運動領域之上。

軍隊採取這種預防性的手法是因為一個人的錯誤可以是生死攸關的事，在戰爭中並不容許任何犯錯空間。教練使用軍事化的教學模式來應對問題，或許可以令團隊各成員體驗到團隊的感覺，承擔更多責任，使團隊成員更緊密地凝聚在一起。

不過，在一個運動團隊中，無論是中學隊伍、聯賽球會還是國家隊，都不是軍隊。（當然，國家隊可能比較具爭議性的，因為為國爭光的比賽也是可以鬥個你死我活的。）

而上述隊伍的訓練過程中，存在重重的教育意義，運動員可以從錯誤中學習，然後站起來；他再犯錯，會再學習，然後又再站起來。所以，運動員就是從一次又一次的跌跌碰碰中，學習發掘自己最大限度的潛力。如教練決定把自己的運動隊伍經營得像軍隊一樣，就會面臨創造一個心理不安全的環境的風險，同時運動員會意識到這裡沒有冒險和犯錯的空間，跟他們參與運動比賽的動機不一致。

南非欖球教練Rudolf Straeuli在2003年世界盃之前也以軍事化的方式訓練國家欖球隊，包括要求球員在冰冷的湖中裸泳，又要他們在散兵坑裡聆聽其他國家隊的國歌，模擬四面受敵、不在自己舒適圈的壓力，甚至在訓練營中向球員展示槍枝以威脅他們。結果，這訓練方式遭受國民和欖球界多方的抨擊。最終，南非隊於世界盃淘汰賽第一輪止步，這訓練營顯然沒有達到預期的成效。

軍事化的模式亦存在另一個潛在的風險，教練會進一步破壞辛辛苦苦建立了數月，甚至是數年的互信關係。即使以往運動員之間存在信任，一旦牽連無須受罰的隊友，隊友之間就會開始產生縫隙和磨擦，教練的信服

度亦會大幅下降，這對團隊毫無好處。

　　所以，教練們不要照辦煮碗將軍事的那一套用在自己的運動隊伍上了，運動不是軍訓，它包含教育元素在內，而軍訓式只會帶來反效果。

### 3. 要跟成員產生共鳴，領導者要甘願展示脆弱並冒險

　　Tara VanDerveer被譽為美國歷史上最出色的籃球教練之一，在斯坦福大學擔任教練超過20年。在美國大學籃球聯賽中，她以45個賽季的勝場數超越了杜克大學兼美國國家隊教練Mike Krzyzewski（人稱「K教練」），這是史無前例的壯舉。在其任教生涯中，她不斷透過助教和其他球員的幫助，學習如何成為更好的教練。她不害怕冒險和實驗，並自稱為「向其他籃球教練借鑑的模仿者」。

　　她在教學期間還會在空餘時間學鋼琴。雖然她也會在演奏時失準、彈錯音符、數錯拍子，但她從不介意與籃球員分享這些寶貴經驗，這些錯誤跟球員於球賽末段射失罰球時情況相似。

　　她「脆弱」的一面使球員能夠產生共鳴，拉近了與球員之間的距離，球員欲向領導者尋求幫助，也不會覺得可怕。

### 4. 支持團隊的多樣性

　　Tara VanDerveer教學時經常提到父母。她的父母均是老師，對育兒方法頗有見解，懂得因材施教，強調教育最重要的是了解每個孩子的獨特需求。她曾於訪問表示，後來當上教練後以父母為模仿對象，使她經常觀察團隊中不同個性的球員，了解他們的優勢、偏好和挑戰。她採用以優勢為本的方法，強化他們的強項，同時給予他們責任，令他們感到被重視。以溝通為例，她接受各成員溝通方式上的不同。球員A比較直接、坦率且健談，每次訓練都跟教練商討表現；球員B可能花好幾天時間才回覆一條WhatsApp訊息。對她來說，沒有一種最好的溝通風格，重點是讓他們以最真誠和感到安全的方式進行溝通。就算每個人的處事方式都不太一樣，也不會因而被排斥。

運動心理學 **2** ——除了運動員，你還是誰？

知易，行難。為一個團隊執行上述各種策略是十分耗時的，對於連喘息時間都沒有的教練和體育教師來說，這可能尤其困難。

　　各位教練不妨從中選擇一兩種對你來說是較可行的方法來試驗，看看有否產生正面變化。若運動員沒有作出你期望中的改變，不要急於責怪他們。建立心理安全感是複雜的，身為教練的你，即管開始實行吧。當團體存在心理安全感，任何形式的溝通或反饋都會更有價值。

　　説到這裡，也許有讀者已在腦中計劃提升心理安全感的方法。我認為最具挑戰性的，不是創建心理安全感，反而是確保心理安全感在高壓情況下不會打回原形。此外，訓練壓力低時，心理安全感對溝通成效未必有顯著的影響力；但當運動員處於高壓的訓練和比賽環境時，心理安全感可大大提高教練的可靠度，確保其個人觀點和想法得以準確地傳遞。

　　當然，這也是語言藝術，關乎教練與運動員之間的互信程度。

## 教練在高壓情況下控制不了情緒，在關鍵時刻無法進行有效溝通，還說甚麼心理安全感？

　　教練與運動員之間的關係，可以於關鍵時刻因溝通而破裂。

　　出色的教練既有硬件，也有軟件。他們能結合運動知識和管理技巧，EQ高、講話清晰，跟運動員的溝通拿捏得很好。一旦遇到比賽途中之類的高壓情況，有些教練會化身魔鬼，跟平日完全是兩個人，會大聲叫喊、斥責、批評。

　　你看著他面紅耳赤的，我是運動員也會怕。

　　當然，不是每一位教練都會進行人格轉變，但高壓情況底下，時間有限，教練的每一句話也會變成重點。

翻看文獻，這方面的研究相對較少，因為如NBA等大型比賽，教練在開賽前與球員的對話都在更衣室裡，外人無法旁聽和分析。

儘管如此，我發現教練在關鍵時刻發言時，主要有兩個問題：一、被情緒牽動著，球員吸收到的，大概就是教練的情緒而不是內容；二、教練的指示好像幫不上忙，球員只好無奈點頭。如各位教練也有類似問題，可考慮以下四點：

- 在你的運動項目，比賽關鍵時刻是指比賽前，或比賽中段？

- 在關鍵時刻，有多少時間給你跟運動員進行球賽分析？

- 如運動員在中場領先或落後，教練應該說甚麼才算有效？

- 如果運動員來自不同文化背景（如隊中有外援），需要使用不同語言，除了聘請翻譯員外，如何在有限時間內有效地與他們溝通？

我曾跟澳門多位壁球教練討論關鍵時刻應該如何向運動員傳達訊息，其中我是蠻欣賞教導證書班的教練的角色扮演策略。教練會因應球員的不同情況（例如上半場領先、落後、比分上的不同）和時限，扮演跟球員交流的內容和語調，其他教練就會互相給予意見。

以下則是根據我跟團隊合作的經驗，結合一些與教練的交流和文獻上的分析，總結出教練在關鍵時刻需要注意的要素。

## 1. 交流的目的和內容

首先，教練應想清楚在關鍵時刻說話的目的。

看過足球比賽都知道球賽會有中場休息時段，球員會跑回更衣室休息，或到物理治療師的位置進行「急救」等，而教練亦會當刻與球員進行交流。到底教練交流的目的是應該讓運動員冷靜下來、重整旗鼓、提供指導，還是重拾球員信心？

教練有一個明確的目標，或數個目標也無所謂，但一定要事前計劃。

274

運動學家Staci Andrews專門研究學生運動員在球場上的正向體驗，她在2015年做了一項有關籃球比賽中場休息和暫停的研究。由於休息時間有限，她建議主教練將關鍵時刻分三個階段。

階段一：讓助教根據各自的強項分析比賽戰術，提供簡單的建議；

階段二：自己提供指導性的提點，確定球員的優勢；

階段三：預留時間讓球員發問，最後一起大喊有鼓舞性的字眼打氣，讓球員專注於表現而非結果。

雖然這不是甚麼標準方法，但各教練可以參考，幫助確定交流目的與時間分配。

## 2. 傳達方式

我發現有些教練傾向在最不適合的時間問運動員「為甚麼」。

關鍵時刻，就該專注於眼前任務和下一個戰術。問「為甚麼」，只可理解運動員早前行為上的意圖，對比賽後半段不會有任何幫助。

此外，此類問題會觸發運動員的防禦機制，運動員可能會自圓其說，亦有可能誤會教練在批評他們，在關鍵時刻增加不必要的交流。

關鍵的溝通，最緊要「到肉」，要點到即止。

教練應專注於兩件事——具體指示和正面回饋，以強化運動員正確和值得嘉許的行為。負面回饋，是責罵，在比賽上用並不奏效。

籃球教練John Wooden是籃球界的傳奇人物，有分析指出他平日花67%的時間給予指導性的回饋和示範動作；讚美球員佔大約7%，責罵佔8%。顯然，要當一位出色的教練，就應該強化運動員擅長的地方，讓運動員重複熟習正確行為或戰術，明確指示下一步的計劃。

但具體指示，也要看運動員能否立刻修正。因為指示牽涉運動員下半

場在賽場上執行的任務，你就要預先知道運動員對任務的信心程度。

運動員能根據你的指示，有信心在下半場做出改變，固然可以說。

否則，還是把心思放在正面回饋和能應付的指示上。

運動員對任務的信心，來自一種相信自己有能力完成任務的信念。例如，網球教練提醒了球員發球後應保持較低的姿勢，而球員立即進行修正，這樣當然最好，但未能及時修正動作的球員則會陷入喪失信念的危機。因此，教練應將更深入，或需要更長時間才能修正的評論放在比賽結束後才討論。比較大的改動，就留待運動員在充裕時間和機會下進行討論吧。

### 3. 回饋內容要和語氣一致

大約10年前，我有幸觀看輔仁大學和台灣體育運動大學的對壘。當時輔仁大學上半場領先，氣勢高昂。如我是輔仁大學的教練，想要鼓勵球員下半場盡力拉開比分，我應該說話時眼神堅定，語氣也會激動一點。

當回饋內容與語氣不一樣（這是很常發生的，只是教練沒刻意去注意），在訊息傳達上會出現混亂。我有見過教練咬緊牙關地說「放鬆！」，我在一旁不禁問究竟應該放鬆還是積極一點？教練想要鼓勵運動員，語調不妨高一點；希望球員放鬆，可以說慢一點，說話間稍作停頓；如想運動員拿出氣勢，說話時就要帶點熱情，語氣堅定。

這跟前作《運動心理學——建立自信，盡展所長》第二章第二節提到的心理技能訓練中的自我對話很相似，對話內容固然重要，同時也要注意語氣。

### 4. 注意文化和學習模式上的差異

高水平的隊伍，較大機會有外援或外借球員，就算是本地球會，也會有本地球手和外籍球手。教練需要在有限時間內使用不同語言傳達正確的信息，或有效地利用翻譯員的協助，這一點需要預先計劃，跟翻譯員進行

運動心理學 2 ——除了運動員，你還是誰？

預演與配合。

　　此外，本地的學習方式較填鴨式，球員大多數不太會提問（尤其是遇到外籍教練，甚至是不敢提問），採取較為被動和服從性的學習方式。教練需要了解並接受，根據這種學習模式來進行精準的指導。文獻指出，東歐人更傾向於接受比較開放式的交流，集思廣益，因此教練需要在日常訓練中好好觀察球員並即時溝通。

　　學習模式和文化並不是絕對的，建議教練在比賽前與運動員討論他們喜歡用哪一種模式，制定適合當地文化且能夠盡量包容全部運動員的溝通策略。

# 建立團隊，
# 就像藝術和科學的融合

　　人與人的關係講求互動和溝通，並不能根據科學研究盲目實踐，是一種融合情感、技巧和經驗的人際關係藝術，本章只能作深入淺出的探討。現實中並沒有甚麼建立成功團隊的黃金公式，但一些較為通用的建構團隊的方法，可以作為訓練團隊的一些微技巧。其中分派團隊角色是不可或缺的重要部分，教練了解各運動員的個性後，分派相應的領導者和追隨者角色，可以加強團隊凝聚力。而良好溝通的大前提，就是先建立團隊心理安全感。

　　身為領導者的你，如果能夠時刻保持赤子之心，持續地與各隊員用心地相處，並貫徹執行以上一切，無論你帶領的團隊的規模如何，你都必定能在正軌之上好好發揮，隊員將來會對你心存感激。

## Take Home Messages

1. 團體的形成與蛻變，可以透過不同學者的模型解釋，當中較典型的蛻變階段為磨合、建立信任、執行、解散。

2. 團隊的領導者不只主教練和隊長，也有非正式的領導者，而追隨者的角色同樣重要。

3. 要培養隊內凝聚力，領導者需要增強隊員的任務凝聚力和社會凝聚力，從而提升生產力。

4. 心理安全感是一個人相信在某個環境下提出想法和問題、表達關懷或犯錯時不會受到懲罰或羞辱。

5. 創建心理安全感，除了減低隊內責怪文化外，領導者要願意展示自己脆弱的一面。

6. 營造心理安全感的最大挑戰是如何保持和不受動搖，即使在高壓情況下仍能保持那份安全感。

7. 教練在關鍵時刻的溝通，需要注意目的、時間、傳達方式、語氣，以及運動員接收和表達訊息的文化差異。

假設你是一位教練，希望改變現有團隊文化。你希望委任隊員擔任不同領導者和追隨者的角色，委派他們執行不同任務。試填寫以下列表。

| 角色 | 姓名／提名人 | 在此球季裡擔當的任務 | 主教練的任務 |
|---|---|---|---|
| 領導者 | | | |
| 任務領導者 | | 協助主教練把隊中成員分成小組，並安排每週的練習目標，讓球員互相督促和提點，再匯報給主教練<br>（見本章7.4〈搭便車影響凝聚力，必須找方法減少這效應〉） | 主要跟任務領導者每週接洽 |
| 社交領導者 | | 「聯繫人」，能成為非官方溝通鏈的代表<br>（見本章7.4〈搭便車影響凝聚力，必須找方法減少這效應〉） | |
| 動力領導者 | | | |
| 外在領導者 | | | |

運動心理學 **2** ——除了運動員，你還是誰？

| 角色 | 姓名／<br>提名人 | 在此球季裡<br>擔當的任務 | 主教練的任務 |
|---|---|---|---|
| 追隨者 | | | |
| 被動者 | | | |
| 順從者 | | | |
| 疏離者 | | | |
| 務實者 | | | |
| | | | |
| 提升社會<br>凝聚力 | | | |
| 提升任務<br>凝聚力 | | | |
| 增加心理<br>安全感 | | | |

Abeza, G., Pegoraro, A., Naraine, M. L., Séguin, B., & O'Reilly, N. (2014). Activating a global sport sponsorship with social media: An analysis of TOP sponsors, Twitter, and the 2014 Olympic Games. *International Journal of Sport Management and Marketing*, *15* (3–4), 184 – 213.

Adams, A., Anderson, E., & McCormack, M. (2010). Establishing and Challenging Masculinity: The Influence of Gendered Discourses in Organized Sport. *Journal of Language and Social Psychology*, *29* (3), 278 – 300. https://doi.org/10.1177/0261927X10368833

Alemdağ, C., Alemdağ, S. & Özkara, A. B. (2018). The analysis of sports high school students' learning styles in terms of overall academic success. *Education and Science*, *43* (195), 269 – 278.

Andrews, S. R. (2015). Emotional control and instructional effectiveness: Maximizing a time-out. *Strategies*, *28* (2), 33 – 37.

Baird, J. & Sullivan, E. (2022). How to protect your team from a toxic work culture. *Harvard Business Review*. https://hbr.org/2022/06/how-to-protect-your-team-from-a-toxic-work-culture

Berger, J. (September 2017). *Motivation 101: Encourage your team with social comparisons.* Wharton work. Retrieved from https://executiveeducation. wharton.upenn.edu/thought-leadership/wharton-at-work/2017/09/motivation-101/#:~:text=Giving%20people%20a%20sense%20of,%2C%20give%20up%2C%20and%20quit

Blackwell, D. Leaman, C., Tramposch, R. & Osborne, C. (2017). Extraversion, neuroticism, attachment style and fear of missing out as predictors of social media use and addiction. *Personality and Individual Differences*, *116*, 69–72.

Brenner, J. S. (2016). Sports Specialization and Intensive Training in Young Athletes. *American Academy of Pediatrics*, *138* (3), e3 – e8.

Brewer, B. W., Van Raalte, J. L., & Linder, D. E. (1993). Athletic identity: Hercules' muscles or Achilles heel? *International Journal of Sport Psychology*.

Brewer, B. W., Van Raalte, J. L., & Linder, D. E. (1993). *Athletic Identity Measurement Scale (AIMS)* [Database record]. APA PsycTests. https://doi.org/10.1037/t15488-000

Briley, J. (2021). *Yes, you can be too competitive. Here's why, and how to stop.* The Washington Post. https://www.washingtonpost.com/lifestyle/2021/11/01/too-competitive-tips/

Brown, K. A., Patel, D. R., & Darmawan, D. (2017). Participation in sports in relation to adolescent growth and development. *Translational Pediatrics*, *6*(3), 150.

Carmo, C., Oliveira, D., Brás, M., & Faísca, L. (2021). The Influence of Parental Perfectionism and Parenting Styles on Child Perfectionism. *Children*, *8*(9), 777. https://doi.org/10.3390/children8090777

Carron, A. V. (1982). Cohesiveness in sport groups: Interpretations and considerations. *Journal of Sport Psychology*, *4*(2), 123 – 138. https://doi.org/10.1123/jsp.4.2.123

Carstensen, L. L., & DeLiema, M. (2018). The positivity effect: a negativity bias in youth fades with age. *Current Opinion in Behavioral Sciences*, *19*, 7 – 12. https://doi.org/10.1016/j.cobeha.2017.07.009

Cheatham, S. A., Little, B. A. (2015). Early Sports Specialization: Helpful or Harmful? *Orthopedics*, *38*(12), 724 – 725. DOI:10.3928/01477447 - 20151119-03

Christian MS, Garza AS, Slaughter JE. (2011). Work engagement: A quantitative review and test of its relations with task and contextual performance. *Personnel Psychology*, *64*, 89 – 136. http://dx.doi.org/10.1111/j.1744-6570.2010.01203.x

Curran, T. & Hill, A.P., Jowett, G. E. & Mallinson-Howard, S. (2014). The relationship between multidimensional perfectionism and passion in junior athletes. *International Journal of Sport Psychology*, *45*, 369 – 384. https://doi.org/10.7352/IJSP2014.45.369

Curran, T., & Hill, A. P. (2019). Perfectionism is increasing over time: A meta-analysis of birth cohort differences from 1989 to 2016. *Psychological Bulletin*, *145*(4), 410 – 429. https://doi.org/10.1037/bul0000138

Dalvi-Esfahani, M., Niknafs, A., Kuss, D. J., Nilashi, M. & Afrough, S. (2019). Social media addiction: Applying the DEMATEL Approach. *Telematics and Informatics*. https://doi.org/10.1016/j.tele.2019.101250

Davelaar, C. M. F. (2021). Body Image and its Role in Physical Activity: A Systematic Review. *Cureus*, *13*(2).

David, J. L., Powless, M. D., Hyman, J. E., Purnell, D. M., Steinfeldt, J. A., & Fisher, S. (2018). College Student Athletes and Social Media: The Psychological Impacts of Twitter Use. *International Journal of Sport Communication*, *11*(2), 163 – 186. doi:10.1123/ijsc.2018-0044

Deci, E. L., & Ryan, R. M. (2008). Self-determination theory: A macrotheory of human motivation, development, and health. *Canadian Psychology*, *49*(3), 182.

Dhir, A., Yossatorn, Y., Kaur, P., and Chen, S. (2018). Online social media fatigue and psychological wellbeing — a study of compulsive use, fear of missing out, fatigue, anxiety and depression. *International Journal of Information Management*, *40*, 141 – 152. doi: 10.1016/j.ijinfomgt.2018.01.012

Doehler, Steph. (2022, March 18 - 19). *Role model or quitter? Social media's response to Simone Biles at Tokyo 2020.* Center for Sociocultural Sport and Olympic Research - annual conference, California State University, Fullerton. https://oro.open.ac.uk/82588/

Dorsch, T. E. (2010). Optimizing family involvement in youth sport. In C. J. Knight, C. G. Harwood, & D. Gould(Eds.), *Sport Psychology for Young Athletes*(pp. 106 – 115). Routledge.

Duhigg, C. (2016). *The Work Issue: What Google Learned From Its Quest to Build the Perfect Team.* The New York Times. https://www.nytimes.com/2016/02/28/magazine/what-google-learned-from-its-quest-to-build-the-perfect-team.html

Edison, B. R., Christino, M. A., & Rizzone, K. H. (2021). Athletic identity in youth athletes: A systematic review of the literature. *International Journal of Environmental Research and Public Health*, *18*(14), 7331.

Edmondson AC. (2004). Psychological safety, trust, and learning in organizations: A group-level lens. In RM Kramer & KS Cook(Eds.), *Trust and distrust in organizations: Dilemmas and approaches*(pp. 239 – 272). New York, NY: Russell Sage Foundation.

Ehrnborg, C., & Rosén, T. (2009). The psychology behind doping in sport. *Growth Hormone & IGF Research*, *19*(4), 285–287. https://doi.org/10.1016/j.ghir.2009.04.003

Eisenberger, N. I., Lieberman, M. D., Williams, K.D. (2003). Does Rejection Hurt? An fMRI Study of Social Exclusion. *Science*, *302*(5643), 290 –2 92.

Fletcher, D., Hanton, S., & Mellalieu, S. (2006). An organizational stress review: Conceptual and theoretical issues in competitive sport. In Hanton S, Mellalieu SD,(Eds), *Literature Reviews in Sport Psychology*. New York: Nova Science Publishers.

Fletcher, D., & Scott, M. (2010). Psychological stress in sports coaches: A review of concepts, research, and practice. *Journal of Sports Sciences*, *28*(2), 127 – 137. DOI: 10.1080/02640410903406208

Flett, G. L., & Hewitt, P. L. (2014). Perfectionism and perfectionistic self-presentation in social anxiety: Implications for assessment and treatment. In S. G. Hofmann & P. M. DiBartolo(Eds.), *Social anxiety: Clinical, developmental, and social perspectives* (pp. 159 – 187). Elsevier Academic Press. https://doi.org/10.1016/B978-0-12-394427-6.00007-8

Flett, G. L., Hewitt, P. L., Oliver, J. M., & Macdonald, S. (n.d.). Perfectionism in children and their parents: A developmental analysis. *Perfectionism: Theory, Research, and Treatment*, 89 – 132. doi:10.1037/10458 - 004

Flett, G. L., Hewitt, P.L. & Dyck, D. G. (1989). Self-oriented perfectionism, neuroticism and anxiety. *Personality and Individual Differences*, *10*(7), 731 – 735. https://doi.org/10.1016/0191-8869(89)90119-0

Fransen, K., Vanbeselaere, N., De Cuyper, B., Vande Broek, G & Boen, F. (2014). The myth of the team captain as principal leader: extending the athlete leadership classification within sports teams. *Journal of Sports Science*, *32*(14), 1389 – 97.

Frazier, M. L., Fainshmidt, S., Klinger, R. L., Pezeshkan, A., & Vracheva, V. (2017). Psychological safety: A meta-analytic review and extension. *Personnel Psychology*, *70*(1), 113 – 165. doi:http://dx.doi.org/10.1111/peps.12183

Gallimore, R. & Tharp, R. (2014). What a coach can teach a teacher, 1975 – 2004: Reflections and reanalysis of John Wooden's teaching practices. *The Sport Psychologist, 18* (2), 119 – 137.

Geurin-Eagleman, A. N., & Burch, L. M. (2016). Communicating via photographs: A gendered analysis of Olympic athletes' visual self-presentation on Instagram. *Sport Management Review, 19* (2), 133 – 145.

Ghandour, B. M., Donner, M., Ross-Nash, Z., Hayward, M., Pinto, M., & DeAngelis, T. (2018). Perfectionism in Past and Present Anorexia Nervosa. *North American Journal of Psychology, 20* (3).

Gluch, V. (2018). Factors Influencing the Development of Perfectionism. *Western Undergraduate Psychology Journal, 6.*

Gonzalez-Padilla, D. A., Tortolero-Blanco, L. (2020). Social media influence in the COVID-19 pandemic. *International Brazilian Journal of Urology, 46*, https://doi.org/10.1590/S1677-5538.IBJU.2020.S121

Google. (n.d.). *Rework: Google.* https://rework.withgoogle.com/print/guides/5721312655835136/

Gotwals, J. K., Stoeber, J., Dunn, J. G., & Stoll, O. (2012). Are perfectionistic strivings in sport adaptive? A systematic review of confirmatory, contradictory, and mixed evidence. *Canadian Psychology, 53* (4), 263.

Greenberg, J. L., Lewis, S. E., & Dodd, D. K. (1999). Overlapping addictions and self-esteem among college men and women. *Addictive Behaviors, 24* (4), 565 – 571. https://doi.org/10.1016/S0306-4603(98)00080-X

Hagger, M. S., Hardcastle, S. J., Chater, A., Mallett, C., Pal, S., & Chatzisarantis, N. L. D. (2014). Autonomous and controlled motivational regulations for multiple health-related behaviors: between-and within-participants analyses. *Health Psychology and Behavioral Medicine: An Open Access Journal, 2* (1), 565 – 601.

Harlick, M., & McKenzie, A. (2000). Burnout in junior tennis: A research report. *New Zealand Journal of Sport Medicine, 28*, 36 – 39.

Harrington, C. (2021). What is "Toxic Masculinity" and Why Does it Matter? *Men and Masculinities*, *24*(2), 345 – 352. https://doi.org/10.1177/1097184X20943254

Hill, A. P., & Curran, T. (2016). Multidimensional perfectionism and burnout: A meta-analysis. *Personality and Social Psychology Review*, *20*, 269 – 288.

Hill, A. P., Hall, H. K., & Appleton, P. R. (2010). Perfectionism and athlete burnout in junior elite athletes: The mediating influence of coping tendencies. *Anxiety*, *Stress, & Coping*, *23*, 415 – 430.

Hill, A. P., Hall, H. K., Appleton, P. R., & Kozub, S. A. (2008). Perfectionism and burnout in junior elite soccer players: The mediating influence of unconditional self-acceptance. *Psychology of Sport and Exercise*, *9*, 630 – 644.

Hill, A. P., Mallinson-Howard, S. H., Madigan, D. J., & Jowett, G. E. (2020). Perfectionism in sport, dance, and exercise: An extended review and reanalysis. *Handbook of Sport Psychology*, 121 – 157.

Hogg, M. A. (2016). Social identity theory. In S. McKeown, R. Haji, & N. Ferguson(Eds.), *Understanding Peace and Conflict Through Social Identity Theory: Contemporary Global Perspectives*(pp. 3 – 17). Springer International Publishing. https://doi.org/10.1007/978-3-319-29869-6_1

Holt, N. L., Hoar, S. and Fraser, N. (2005). How does coping change with development? A review of childhood and adolescence sport coping research. *European Journal of Sport Science*, *5*(1), 25 – 39.

Horton, R. S., & Mack, D. E. (2000). Athletic identity in marathon runners: Functional focus or dysfunctional commitment? *Journal of Sport Behavior*, *23*(2).

Hou, Y., Xiong, D., Jiang, T., Song, L., & Wang, Q. (2019). Social media addiction: Its impact, mediation, and intervention. *Cyberpsychology: Journal of Psychosocial Research on Cyberspace*, *13*(1), Article 4. https://doi.org/10.5817/CP2019-1-4

Humphrey, J. H. (1993). *Sports for Children: A Guide for Adults*. Charles C. Thomas Publisher, Springfield.

Hu, D., Ahn, J. N., Vega, M., & Lin-Siegler, X. (2020). Not All Scientists Are Equal: Role Aspirants Influence Role Modeling Outcomes in STEM. *Basic and Applied Social Psychology*, *42*(3), 192–208. https://doi.org/10.1080/01973533.2020.1734006

IOC. (2020, April 7). *Athletes at the forefront of the COVID-19 response*. https://olympics.com/ioc/news/athletes-at-the-forefront-of-the-covid-19-response

IOC. (n.d.). *Olympic Values - Excellence, Respect and Friendship*. https://olympics.com/ioc/olympic-values

Iranzo-Tatay, C., Gimeno-Clemente, N., Barberá-Fons, M., Rodriguez-Campayo, M. Á., Rojo-Bofill, L., Livianos-Aldana, L., Beato-Fernandez, L., Vaz-Leal, F., & Rojo-Moreno, L. (2015). Genetic and environmental contributions to perfectionism and its common factors. *Psychiatry Research, 230* (3), 932 – 939. https://doi.org/10.1016/j.psychres.2015.11.020

Kara, N., Cubukcuoglu, B. & Elci, A. (2020). Using social media to support teaching and learning in higher education: an analysis of personal narratives. *Research in Learning Technology, 28*. http://dx.doi.org/10.25304/rlt.v28.2410

Kelley, R. E. (1988, Nov). In praise of followers. *Harvard Business Review, 66* (6), 142 – 148.

Kennedy, P. (2010). Learning cultures and learning styles: myth-understandings about adult(Hong Kong) Chinese learners. *International Journal of Lifelong Education, 21* (5), 430 – 445. DOI: 10.1080/02601370210156745

Klinger, B. (2018). *Understanding Youth Athletes' Readiness for Competition: A Review of Literature and Best Practices for Coaches and Parents*. [Senior honors thesis, State University of New York]. SUNY Open Access Repository. http://hdl.handle.net/20.500.12648/6715

Knight, C. J., Harwood, C. G. & Gould, D. (2017). *Sport Psychology for Young Athletes*. Routledge: Taylor & Francis.

Kochanek, J., Matthews, A., Wright, E., DiSanti, J., Neff, M., & Erickson, K. (2019). Competitive Readiness: Developmental Considerations to Promote Positive Youth Development in Competitive Activities. *Journal of Youth Development, 14*(1), 48–69.

Leong, L.Y., Hew, T.S., Ooi, K.B., Lee, V.H., and Hew, J.J. (2019). A hybrid SEM-neural network analysis of social media addiction. *Expert Systems with Applications, 133*, 296–316. doi: 10.1016/j.eswa.2019.05.024

Lingham, T., Richley, B. A. & Serlavos, R. S. (2009). Measuring and mapping team interaction. *Cross Cultural Management: An International Journal, 16* (1), 5 – 27. DOI: 10.1108/13527600910930013

Loughead, Hardy, & Eys. (2006). The nature of athlete leadership. *Journal of Sport Behavior*, *29*, 142 – 158.

Madigan, D. J., Stoeber, J., & Passfield, L. (2016). Motivation mediates the perfectionism burnout relationship: A three-wave longitudinal study with junior athletes. *Journal of Sport & Exercise Psychology*, *38*, 341 – 354.

Madigan, D. J., Stoeber, J., Forsdyke, D., Dayson, M., & Passfield, L. (2017). Perfectionism predicts injury in junior athletes: Preliminary evidence from a prospective study. *Journal of Sports Sciences*, *36* (5), 545 – 550. doi:10.1080/02640414 .2017.1322709

Madigan, D. J., Stoeber, J., Forsdyke, D., Dayson, M., & Passfield, L. (2018). Perfectionism predicts injury in junior athletes: Preliminary evidence from a prospective study. *Journal of Sports Sciences*, *36* (5), 545 – 550. https://doi.org/10.108 0/02640414.2017.1322709

Madigan, D. J., Mallinson-Howard, S. H., Grugan, M. C., & Hill, A. P. (2020). Perfectionism and attitudes towards doping in athletes: A continuously cumulating meta-analysis and test of the 2 × 2 model. *European Journal of Sport Science*, *20* (9), 1245 – 1254. https://doi.org/10.1080/17461391.2019.1698660

Mayer, R. C., Davis, J. H., & Schoorman, F. D. (1995). An integrative model of organizational trust. *Academy of Management Review*, *20*, 709 – 734.

McElhaney, K. B., Antonishak, J., & Allen, J. P. (2008). "They like me, they like me not": Popularity and adolescents' perceptions of acceptance predicting social functioning over time. *Child Development*, *79* (3), 720 – 731.

Miner, J. W. (2016, June 1). *Why 70 percent of kids quit sports by age 13*. The Washington Post. https://www.washingtonpost.com/news/parenting/ wp/2016/06/01/why-70-percent-of-kids-quit-sports-by-age-13/?fbclid=IwAR3aHw7ZE-VSKm3ifXk8UR3Xwq44UvS5Td6ZqFn81p2NWJupPwIkH2z8-Pg

Novotná, B., & Slováková, M. (2016). The current problem of school children-lack of physical activity. European researcher. *Series A*,(4), 231 – 238.

Patel, D. R., Soares, N., & Wells, K. (2017). Neurodevelopmental readiness of children for participation in sports. *Translational Pediatrics*, *6*(3), 167.

Petlichhoff, L. M. (1996). The drop-out dilemma in youth sports. In O. Bar-Or(Ed.), *The Child and Adolescent Athlete*(pp. 418 – 430). Cambridge, MA: Blackwell Science.

Pia, T., Galynker, I., Schuck, A., Sinclair, C., Ying, G., & Calati, R. (2020). Perfectionism and prospective near-term suicidal thoughts and behaviors: the mediation of fear of humiliation and suicide crisis syndrome. *International Journal of Environmental Research and Public Health*, *17* (4), 1424.

Poucher, Z. A., & Tamminen, K. A. (2017). Maintaining and managing athletic identity among elite athletes. *Revista de psicología del deporte*, *26*(4), 63 – 67.

Przybylski, A. K., Murayama, K., DeHaan, C. R. & Gladwell, V. (2013). Motivational, Emotional, and Behavioral Correlates of Fear of Missing Out. *Computers in Human Behavior*, *29*(4), 1841 – 1848.

Psychology Today. (n.d.). *Social comparison theory*. https://www.psychologytoday.com/us/basics/social-comparison-theory

Rashid, U. K., Ahmed, O., Muhammad, A. H. (2019). Relationship between Need for Belongingness and Facebook Addiction: Mediating Role of Number of Friends on Facebook. *International Journal of Social Science Studies*, *7*. doi:10.11114/ijsss.v7i2.4017

Ray & Bala. (2020). Social media for improved process management in organizations during disasters. *Knowledge and Process Management*, *27*, 63 – 74. https://doi.org/10.1002/kpm.1623

Reeve, J., & Deci, E. L. (1996). Elements of the competitive situation that affect intrinsic motivation. *Personality and Social Psychology Bulletin*, *22*, 24 – 33.

Robinson, A,. Bonnette, A., Howard, K., Ceballos, N., Dailey, S., Lu, Y., Grimes, T. (2019). Social comparisons, social media addiction, and social interaction: an examination of specific social media behaviors related to major depressive disorder in a millennial population. *Journal of Applied Biobehavior Research*, *24*, 12158 http://dx.doi. org/10.1111/jabr.12158

Ronkainen, N. J., Ryba, T. V., & Selänne, H. (2019). "She is where I'd want to be in my career" : Youth athletes' role models and their implications for career and identity construction. *Psychology of Sport and Exercise, 45*, Article 101562. https://doi. org/10.1016/j.psychsport.2019.101562

Ronkainen, N. J., Ryba, T. V., & Allen-Collinson, J. (2020). Restoring Harmony in the Lifeworld? Identity, Learning, and Leaving Preelite Sport. *The Sport Psychologist*, 1–8. https://journals.humankinetics.com/view/journals/tsp/aop/article-10.1123-tsp.2020-0009/article-10.1123-tsp.2020-0009.xml

Salvy, S. J., Roemmich, J. N., Bowker, J. C., Romero, N. D., Stadler, P. J., & Epstein, L. H. (2009). Effect of peers and friends on youth physical activity and motivation to be physically active. *Journal of Pediatric Psychology, 34* (2), 217 – 225.

Sarkar, M., & Fletcher, D. (2014). Psychological resilience in sport performers: a review of stressors and protective factors. *Journal of Sports Sciences, 32* (15), 1419 – 1434.

Schein E. H. & Bennis, W.G. (1965). *Personal and organizational change through group methods: The laboratory approach*. New York, NY: Wiley.

Sekeroglu, M. Ö. (2017). Study of the Concepts of Athletic Identity and Continuous Sport Self-Confidence in the Light of Various Variables. *Journal of Education and Training Studies, 5* (13), 44 – 51.

Shi, X., Wang, J. & Zou H. (2017). Family functioning and internet addiction among Children adolescents: The mediating role of self-esteem and loneliness. *Computers in Human Behavior, 76*, 201 – 210. https://doi.org/10.1016/j.chb.2017.07.028

Singh, S., Dixit, A. & Joshi, G. (2020). Is compulsive social media use amid COVID-19 pandemic addictive behavior or coping mechanism? Asian *Journal of Psychiatry, 54*, doi: 10.1016/j.ajp.2020.102290

Slothower, C. (2014). *Fort Lewis' first 'student-athlete': Ray Dennison, killed playing football, echoes through NCAA history*. The Durango Herald. https://www. durangoherald.com/articles/fort-lewis-first-student-athlete/

Smith, A. D., Alleyne, J. M.K., Pitsiladis, Y., Schneider, C., Kenihan M., Constantinou, D., & Webborn, N. (2017). Early Sports Specialization: An International Perspective. *American College of Sports Medicine, 16* (6), 439 – 442.

Smith, R. E. (1986). Toward a cognitive-affective model of athletic burnout. *Journal of Sport Psychology, 8*, 36 – 50.

Smith, A. L., Gustafsson, H., & Hassmén, P. (2010). Peer motivational climate and burnout perceptions of intensively sport involved adolescents. *Psychology of Sport & Exercise, 11*, 453 – 460.

Smith, M. M., Sherry, S. B., Ray, C., Hewitt, P. L., & Flett, G. L. (2021). Is perfectionism a vulnerability factor for depressive symptoms, a complication of depressive symptoms, or both? A meta-analytic test of 67 longitudinal studies. *Clinical Psychology Review, 84*, 1 – 49. https://doi.org/10.1016/j.cpr.2021.101982

Smith, M. M., Sherry, S. B., Gautreau, C. M., Mushquash, A. R., Saklofske, D. H., & Snow, S. L. (2017). The intergenerational transmission of perfectionism: Fathers' other-oriented perfectionism and daughters' perceived psychological control uniquely predict daughters' self-critical and personal standards perfectionism. *Personality and Individual Differences, 119*, 242 – 248. https://doi.org/10.1016/j.paid.2017.07.030

Somerset, S., & Hoare, D. J. (2018). Barriers to voluntary participation in sport for children: a systematic review. *BMC Pediatrics, 18*(1), 1 – 19.

Spreitzer, G. M. (1995). Psychological empowerment in the workplace: Dimensions, measurements and validation. *Academy of Management Journal, 38*(5), 1442 – 1465.

Stoeber, J. (2011). The dual nature of perfectionism in sports: relationships with emotion, motivation, and performance. *International Review of Sport and Exercise Psychology, 4*(2), 128 – 145. https://doi.org/10.1080/1750984x.2011.604789

Stoeber, J. (2018). The Psychology of Perfectionism: An Introduction. In J. Stoeber(Ed.), *The Psychology of Perfectionism: Theory, Research, Applications* (pp. 3 – 16). London: Routledge.

Stoeber, J., Edbrooke-Childs, J. H., & Damian, L. E. (2018). Perfectionism. In R. J. R. Levesque(Ed.), *Encyclopedia of Adolescence* (2nd ed., Vol. 4, pp. 2732 – 2739). New York: Springer.

Stoeber, J., Uphill, M. A., & Hotham, S. (2009). Predicting race performance in triathlon: The role of perfectionism, achievement goals, and personal goal setting. *Journal of Sport and Exercise Psychology*, *31* (2), 211 – 245.

Stoll, O., Lau, A., & Stoeber, J. (2008). Perfectionism and performance in a new basketball training task: Does striving for perfection enhance or undermine performance? *Psychology of sport and Exercise*, *9* (5), 620 – 629.

Stone, J., Harrison, C., & Mottley, J. (2012). "Don't call me a student-athlete": The effect of identity priming on stereotype threat for academically engaged African American college athletes. *Basic and Applied Social Psychology*, *34* (2), 99 – 106. https://doi.org/10.1080/01973533.2012.655624

The Department of Paediatrics and Adolescent Medicine, Li Ka Shing Faculty of Medicine, The University of Hong Kong(HKU). (2017, October 6). *HKU Studies Reveal Hong Kong Children Overuse Digital Devices and Have Inferior Physical Fitness*. https://www.med.hku.hk/news/press/hku-studies-reveal-hong-kong-children-overuse-digital-devices-and-have-inferior-physical-fitness

USA Swimming and The U.S. Ski and Snowboard Association. (2006). *Successful sports parenting: readiness for competition*. League athletics.

Vealey, R. S. (1986). Conceptualization Of Sport Confidence And Competitive Orientation: Preliminary İnvestigation And İnstrument Development. *Journal Of Sport Psychology*, *8*, 221 – 246. https://doi.org/10.1123/jsp.8.3.221

Verseillie, E., Laconi, S., Chabrol, H. (2020). Pathological traits associated to Facebook and twitter among French users. *International Journal of Environmental Research and Public Health, 17*, 2242. http://dx.doi.org/10.3390/ ijerph17072242

Vicent, M., Gonzálvez, C., Quiles, M. J., & Sánchez-Meca, J. (2023). Perfectionism and binge eating association: A systematic review and meta-analysis. *Journal of Eating Disorders*, *11* (1), 101 – 101. https://doi.org/10.1186/s40337-023-00817-9

Visek, A. J., Achrati, S. M., Manning, H., McDonnell, K., Harris, B. S., & DiPietro, L. (2015). The Fun Integration Theory: Towards Sustaining Children and Adolescents Sport Participation. *J Phys Act Health*, *12* (3), 424 – 433.

Visek, A. J., Harris, B. S., & Blom, L. C. (2013). Mental training with youth sport teams: Developmental considerations and best-practice recommendations. *Journal of Sport Psychology in Action*, *4*(1), 45 – 55.

Visek, A., Mannix, H., Chandran, A., Cleary, S. D., McDonnell, K. & DiPietro, L. (2018). Perceived importance of the fun integration theory's factors and determinants: A comparison among players, parents, and coaches. *Sport Science and Coaching*, *13*(6), 849 – 862.

Visek, A., Mannix, H., Chandran, A., Cleary, S. D., McDonnell, K. & DiPietro, L. (2020). Toward understanding youth athletes' fun priorities: An investigation of sex, age, and levels of play. *Human Kinetics*, *28*(1), 34 – 49.

Vlad, R. A., Hancu, G., Popescu, G. C., & Lungu, I. A. (2018). Doping in sports, a never-ending story? *Advanced Pharmaceutical Bulletin*, *8*(4), 529 – 534. https://doi.org/10.15171/apb.2018.062

Vojvodić, M., Simović, S., & Paspalj, D. (2020). Analysis of Causes Which Make Young People Quit Sports and Sport Activities. *Journal of Advances in Sports and Physical Education*, *3*, 142 – 149. 10.36348/jaspe.2020.v03i09.001

Wegmann, E., Stodt, B. & Brand, M. (2015). Addictive use of social networking sites can be explained by the interaction of Internet use expectancies, Internet literacy, and psychopathological symptoms. *Journal of Behavioral Addictions*, *4*, 155 – 162. https://doi.org/10.1556/2006.4.2015.021

West Chester University. (2022, September 22). *Tuckman's Stages of Group Development*. https://www.wcupa.edu/coral/tuckmanStagesGroupDelvelopment.aspx

Wiederhold, B. K. (2016). Low self-esteem and teens' internet addiction: what have we learned in the last 20 years? *Cyberpsychology, Behavior, and Social Networking*, *19*, 359.

Witt, P. A., & Dangi, T. B. (2018). Why children/youth drop out of sports. *Journal of Park and Recreation Administration*, *36*(3).

香港特別行政區政府衛生處學生健康服務：〈青春期（家長篇）〉。取自 https://www.studenthealth.gov.hk/tc_chi/health/health_se/health_se_pp.html。

香港體育學院：〈精英訓練資助評核準則 2024-2025〉。https://www.hksi.org.hk/f/page/164/Attachment%203%20-%20ETG%20Criteria%202024-25%20-%20Chn.pdf。

# 運動心理學 2
## ——除了運動員，你還是誰？

| | |
|---|---|
| 作者 | 盧綽蘅 |
| 總編輯 | 葉海旋 |
| 編輯 | 李小媚 |
| 助理編輯 | 鄧芷晴 |
| 書籍設計 | 馬高 |
| 出版 | 花千樹出版有限公司 |
| 地址 | 九龍深水埗元州街290-296號1104室 |
| 電郵 | info@arcadiapress.com.hk |
| 網址 | www.arcadiapress.com.hk |
| 印刷 | 美雅印刷製本有限公司 |
| 初版 | 2024年7月 |
| ISBN | 978-988-8789-32-0 |